小學生
一天就能學會

19 × 19 的

心算法

小杉拓也 —— 著

謝敏怡 —— 譯

1

誰都有辦法心算出11×11～19×19的時代來臨了！

3×5 = 15、7×8 = 56、9×9 = 81……

只要會九九乘法，這些都能快速心算出答案，非常簡單
對不對？ 但假如是18×16呢？

這沒辦法用九九乘法心算出答案，該怎麼辦呢？

是的，必須拿筆列式子計算。但拿筆計算其實很麻煩，
因為……

筆算其實很辛苦！

準備好了	開始	嗯嗯……	總算解出來了
準備鉛筆和紙……	寫算式……	先相乘，後相加……	算出答案

不只是計算過程，計算的事前準備也很花時間。

假如「18×16」的答案288，可以如九九乘法快速心算出
來呢？ 假如能做到那樣，學校和補習班的數學考試應
該會變得輕鬆許多。

這種計算方法，學校不教？

沒錯，學校不會教這種計算方式。

可是，這本書會教你如何快速心算出
「18×16 = 288」！

「送禮運算法」
幫助你成為心算高手！

這個計算方法叫做「送禮運算法」。

只要學會送禮運算法，不只是 18×16，11×11 ～ 19×19 全都可以快速心算出答案。

送禮運算法適合小學三年級以上的學生。但如果小學三年級以下的學生，已經會九九乘法和簡單的計算，也能輕鬆學會這個計算方法。練習完這本書後，無須動筆，你就可以快速心算出 11×11 ～ 19×19 的答案了。

「送禮運算法應該很難吧？」

覺得有點擔心的你，請放心。送禮運算法非常簡單。而且這本書從非常簡單的地方開始。就像爬樓梯一樣，循序漸進地練習，快樂學習送禮運算法。

不久之後，每個人都有辦法心算出 11×11 ～ 19×19 答案的時代就要來了。只要做本書的練習題，你就會知道，原來有這麼簡單的心算法。

第 80 頁之後，也有「送禮運算法技法大公開（之所以成立的理由）」的單元。

相信練習完本書，學會送禮運算法以後，你一定會變得更喜歡算術，讓算術成為你喜歡且擅長的技能！

接下來，我將介紹本書厲害的地方！

嘿嘿

開始吧！

這本書厲害的

為自己感到驕傲！

學會心算
11×11～19×19
對算術
產生信心！

算術考試
100分的
次數增加！

學會大家
不知道的運算法，
領先別人
一步！

變得
擅長
算術！

五秒
算出 17×15
的答案！

在考場上
與競爭對手
拉開距離！

4

太帥了！

心算的速度比筆算快！

送禮運算法幫你成為班上的心算大師！

大人拿來鍛鍊腦力效果好！

算術再也不痛苦了！

這些運算也能輕鬆做到！

☑ 小數、比率 也能心算！（請參照第 71 頁）

☑ 計算面積、體積、角度的速度加快！（請參照第 77 頁）

目次

專欄 ❷ 自己的孩子自己教

專欄 ❸ 自己的孩子自己教

附錄　送禮運算法技法大公開

熱身操

>>> 櫻桃計算 之一

所謂「送禮運算法」，例如「16 + 9」這題，可以透過移動式加法來計算。先畫出「櫻桃」，計算方式如下。

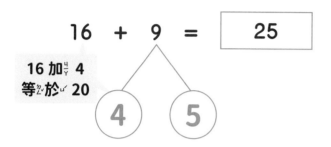

16 + 9 = 25

16 加 4
等於 20

（1）在 9 的下頭畫上櫻桃，然後把 9 拆成 4 和 5，寫到櫻桃裡。

（2）16 加 4 等於 20。

（3）20 加上旁邊的 5，答案是 25。

這樣就可以求出「16 + 9 = 25」。在（1）的階段，重點是思考「16 要加上多少會等於 20」。因為 16 加上 4 等於 20，所以要在左邊的櫻桃寫上 4。

---

1 請試試看下頭的練習題❶～❽，把數字填進○和□吧。

▶答案請見第84頁

❶ 17 + 5 = ⓒ

Ⓐ　　Ⓑ

❷ 14 + 7 = ⓒ

Ⓐ　　Ⓑ

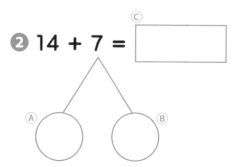

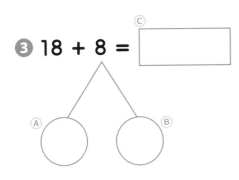

3 18 + 8 = ⒸⒶ Ⓑ

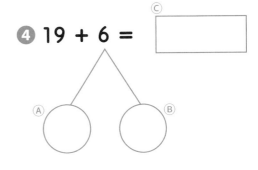

4 19 + 6 = ⒸⒶ Ⓑ

5 13 + 9 = ⒸⒶ Ⓑ

6 15 + 6 = ⒸⒶ Ⓑ

7 18 + 6 = ⒸⒶ Ⓑ

8 12 + 9 = ⒸⒶ Ⓑ

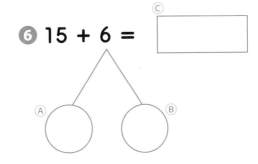

重點在於思考：
「加上多少會等於20」♪

▶答案請見第84頁

❶ 16＋5＝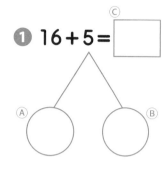

❷ 14＋8＝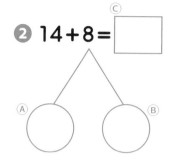

❸ 17＋7＝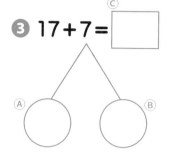

❹ 15＋8＝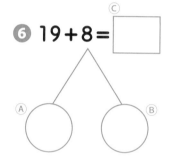

❺ 18＋4＝

❻ 19＋8＝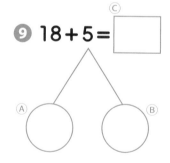

❼ 16＋6＝

❽ 19＋9＝

❾ 18＋5＝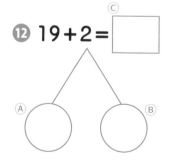

❿ 13＋8＝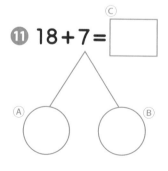

⓫ 18＋7＝

⓬ 19＋2＝

3 熱身操的最後，試著在腦中畫出櫻桃，計算下面的題目吧（如果覺得有點困難的話，可以用筆把櫻桃畫出來計算）！

▶答案請見第84頁

❶ 17＋4＝

❷ 18＋6＝

❸ 15＋7＝

❹ 19＋5＝

❺ 14＋7＝

❻ 16＋9＝

❼ 17＋8＝

❽ 12＋9＝

❾ 16＋8＝

❿ 17＋6＝

⓫ 18＋3＝

⓬ 15＋6＝

⓭ 19＋7＝

⓮ 14＋9＝

⓯ 16＋7＝

你真棒！熱身操到這裡結束。下一頁就要正式開始練習送禮運算法了！

來，開始練習送禮運算法吧！

熱身操做完了，就正式來做送禮運算法吧！

用九九乘法，一直到 9×9 都可以馬上計算出來對不對？但如果學會「送禮運算法」，無論是 12×14、17×16 還是 15×19，只要在 11×11 ～ 19×19 之間，都可以透過送禮運算法來計算。熟悉了之後，甚至可以直接心算出答案。

在開始之前，有些詞彙想先跟大家說明。比方說，17 這個數字，是由「17」的 1 這個十位數，和「17」的 7 這個個位數組成的。本書會經常出現「個位數」這個詞。

送禮運算法可以說是「十位數為 1 的，二位數之間的乘法」。

好，我們開始吧！

>>> 來ㄌㄞ送ㄙㄨ禮ㄌㄧ物ㄨ了ㄌㄜ！

來ㄌㄞ練ㄌㄧㄢ習ㄒㄧ送ㄙㄨ禮ㄌㄧ運ㄩㄣ算ㄙㄨㄢ吧ㄅㄚ！

（例ㄌㄧ） 把ㄅㄚ 15 的ㄉㄜ個ㄍㄜ位ㄨㄟ數ㄕㄨ 5，當ㄉㄤ作ㄗㄨㄛ禮ㄌㄧ物ㄨ送ㄙㄨ給ㄍㄟ 19 ！

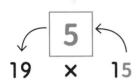

禮ㄌㄧ物ㄨ為ㄨㄟ「5」

1 如ㄖㄨ範ㄈㄢ例ㄌㄧ所ㄙㄨㄛ示ㄕ，把ㄅㄚ相ㄒㄧㄤ應ㄧㄥ的ㄉㄜ數ㄕㄨ字ㄗ填ㄊㄧㄢ進ㄐㄧㄣ□裡ㄌㄧ。

▶ 答ㄉㄚ案ㄢ請ㄑㄧㄥ見ㄐㄧㄢ第ㄉㄧ**84**頁ㄧㄝ。

❶
14 × 16

❷
11 × 17

❸
13 × 19

❹
15 × 15

❺
18 × 11

❻
16 × 12

❼
19 × 19

❽
17 × 13

❾
12 × 14

❿
13 × 15

⓫
12 × 18

⓬
19 × 17

2　如以第 13 頁以，把以相應的數字以填進□裡以。

▶ 答案以請以見以第84頁以

❶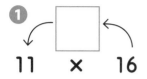
11　×　16

❷
18　×　14

❸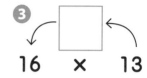
16　×　13

❹
15　×　11

❺
17　×　17

❻
14　×　12

❼
18　×　19

❽
13　×　18

❾
12　×　15

❿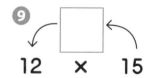
17　×　16

⓫
14　×　14

⓬
15　×　17

如第 13 頁，把相應的數字填進□裡。

▶答案請見第84頁

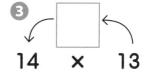

1 13 × 11

2 19 × 12

3 14 × 13

4 18 × 15

5 17 × 15

6 16 × 18

7 11 × 19

8 12 × 17

9 11 × 14

10 13 × 13

11 15 × 16

12 12 × 12

步ㄅㄨˋ驟ㄗㄡˋ 2

>>> 送ㄙㄨㄥˋ完ㄨㄢˊ禮ㄌㄧˇ物ㄨˋ，先ㄒㄧㄢ加ㄐㄧㄚ後ㄏㄡˋ減ㄐㄧㄢˇ！

送ㄙㄨㄥˋ完ㄨㄢˊ禮ㄌㄧˇ物ㄨˋ，來ㄌㄞˊ練ㄌㄧㄢˋ習ㄒㄧˊ一ㄧ下ㄒㄧㄚˋ加ㄐㄧㄚ法ㄈㄚˇ和ㄏㄜˊ減ㄐㄧㄢˇ法ㄈㄚˇ吧ㄅㄚ！

（例ㄌㄧˋ）

把ㄅㄚˇ禮ㄌㄧˇ物ㄨˋ 2 送ㄙㄨㄥˋ給ㄍㄟˇ隔ㄍㄜˊ壁ㄅㄧˋ

$$15 \times 12$$

15 + 2　增ㄗㄥ加ㄐㄧㄚ 2　　減ㄐㄧㄢˇ少ㄕㄠˇ 2　12 − 2

$$17 \times 10$$

一ㄧ定ㄉㄧㄥˋ要ㄧㄠˋ讓ㄖㄤˋ右ㄧㄡˋ邊ㄅㄧㄢ□裡ㄌㄧˇ的ㄉㄜ數ㄕㄨˋ字ㄗˋ變ㄅㄧㄢˋ成ㄔㄥˊ 10 ！

---

1 如ㄖㄨˊ範ㄈㄢˋ例ㄌㄧˋ，請ㄑㄧㄥˇ把ㄅㄚˇ相ㄒㄧㄤ應ㄧㄥˋ的ㄉㄜ數ㄕㄨˋ字ㄗˋ填ㄊㄧㄢˊ進ㄐㄧㄣˋ□裡ㄌㄧˇ。　▶ 答ㄉㄚˊ案ㄢˋ請ㄑㄧㄥˇ見ㄐㄧㄢˋ第ㄉㄧˋ84頁ㄧㄝˋ

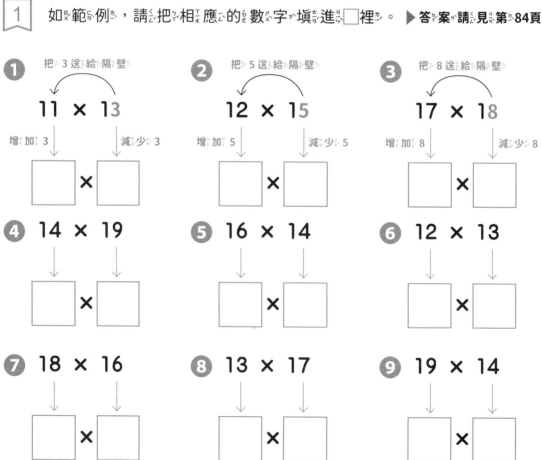

① 把ㄅㄚˇ 3 送ㄙㄨㄥˋ給ㄍㄟˇ隔ㄍㄜˊ壁ㄅㄧˋ

$$11 \times 13$$

增ㄗㄥ加ㄐㄧㄚ 3　　減ㄐㄧㄢˇ少ㄕㄠˇ 3

$$\square \times \square$$

② 把ㄅㄚˇ 5 送ㄙㄨㄥˋ給ㄍㄟˇ隔ㄍㄜˊ壁ㄅㄧˋ

$$12 \times 15$$

增ㄗㄥ加ㄐㄧㄚ 5　　減ㄐㄧㄢˇ少ㄕㄠˇ 5

$$\square \times \square$$

③ 把ㄅㄚˇ 8 送ㄙㄨㄥˋ給ㄍㄟˇ隔ㄍㄜˊ壁ㄅㄧˋ

$$17 \times 18$$

增ㄗㄥ加ㄐㄧㄚ 8　　減ㄐㄧㄢˇ少ㄕㄠˇ 8

$$\square \times \square$$

④ 14×19

$$\square \times \square$$

⑤ 16×14

$$\square \times \square$$

⑥ 12×13

$$\square \times \square$$

⑦ 18×16

$$\square \times \square$$

⑧ 13×17

$$\square \times \square$$

⑨ 19×14

$$\square \times \square$$

2 如第 16 頁，把相應的數字填進☐裡。 ▶答案請見第85頁

▶答案請見第85頁

1 18 × 12

☐ × ☐

2 11 × 11

☐ × ☐

3 13 × 14

☐ × ☐

4 16 × 15

☐ × ☐

5 15 × 18

☐ × ☐

6 12 × 16

☐ × ☐

7 17 × 12

☐ × ☐

8 14 × 13

☐ × ☐

9 19 × 16

☐ × ☐

10 17 × 17

☐ × ☐

11 19 × 11

☐ × ☐

12 14 × 15

☐ × ☐

步驟 2

送完禮物，先加後減！

　如第 16 頁，把相應的數字填進□裡。　▶答案請見第85頁

① 14 × 12
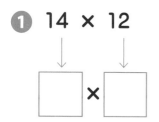

② 19 × 13
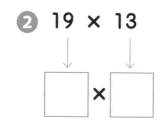

③ 16 × 17
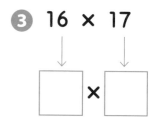

④ 11 × 15
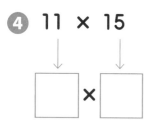

⑤ 12 × 19
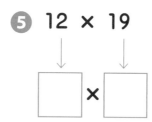

⑥ 18 × 13
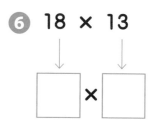

⑦ 16 × 19
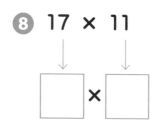

⑧ 17 × 11
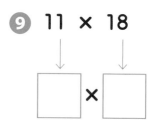

⑨ 11 × 18
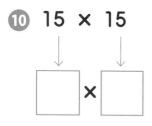

⑩ 15 × 15

⑪ 14 × 17
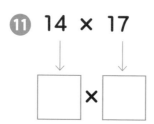

⑫ 13 × 16
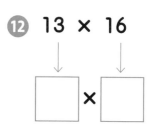

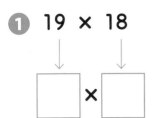

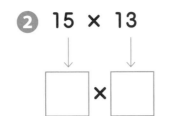

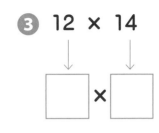

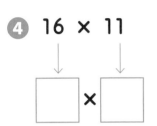

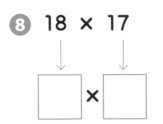

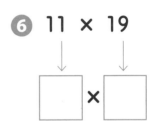

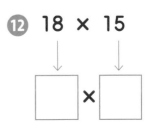

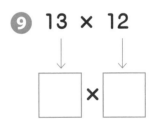

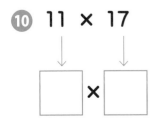

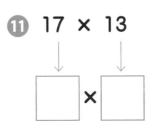

步驟 2

送完禮物，先加後減！

5　如以第二 16 頁頁，把於相於應了的多數字填填進於□裡於。　▶答於案請見第二85頁頁

1 12 × 12

□ × □

2 17 × 11

□ × □

3 19 × 15

□ × □

4 13 × 18

□ × □

5 16 × 12

□ × □

6 13 × 13

□ × □

7 17 × 19

□ × □

8 15 × 14

□ × □

9 15 × 16

□ × □

10 18 × 18

□ × □

11 14 × 16

□ × □

12 11 × 14

□ × □

1 16 × 13
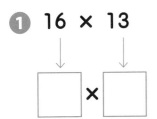

2 17 × 14
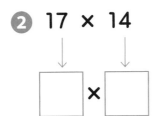

3 11 × 16
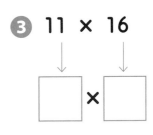

4 15 × 19
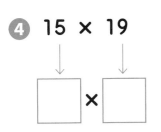

5 12 × 11
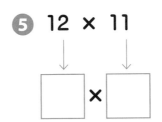

6 12 × 18
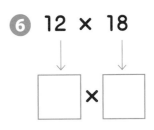

7 13 × 15
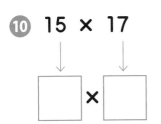

8 14 × 11
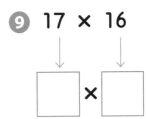

9 17 × 16
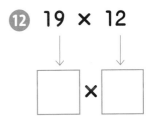

10 15 × 17
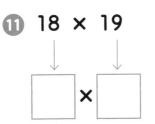

11 18 × 19

12 19 × 12

步驟 3

>>> 先加後減，接著相乘！

請把相應的數字放進 Ⓐ、Ⓑ、Ⓒ 裡面。

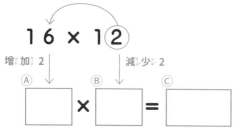

讓我們一邊複習，一邊看下一個步驟吧！

把 12 的「個位數」2，當作禮物送給隔壁的 16，16 增加了 2，16 ＋ 2 ＝ 18，所以把 18 放進 Ⓐ 的方框裡。

12 減少了 2，12 － 2 ＝ 10，所以把 10 放進 Ⓑ 的方框裡。

11×11 到 19×19 的送禮運算法，Ⓑ 的 □ 裡一定要是 10。

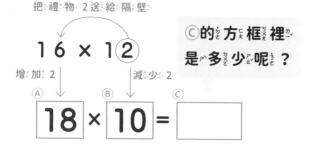

Ⓒ的方框裡是多少呢？

18×10，所以 Ⓒ 方框是 180。18 的十倍，只要想作是 18 後面加上一個 0 就可以了（請留意，180 不是「16×12」的答案）。

小心！180 不是「16×12」的答案
↓

18 × 10 ＝ 180

只在 18 後面加上一個 0！

跟前面不同的地方就在於，最後要用乘法。

接著請利用這個運算方法，練習下面的題目吧。

1　如第 22 頁，把相應的數字填進□裡。▶答案請見第85頁

▶答案請見第85頁

① 把禮物 3 送給隔壁

$$14 \times 1(3)$$

增加 3 　　　減少 3

Ⓐ □ × Ⓑ □ = Ⓒ □

注意～這不是「14×13」的答案！

② 把禮物 7 送給隔壁

$$15 \times 1(7)$$

增加 7 　　　減少 7

Ⓐ □ × Ⓑ □ = Ⓒ □

步驟 3

先加後減，接著相乘！

③ 18 × 11

Ⓐ □ × Ⓑ □ = Ⓒ □

④ 12 × 19

Ⓐ □ × Ⓑ □ = Ⓒ □

⑤ 17 × 13

Ⓐ □ × Ⓑ □ = Ⓒ □

⑥ 16 × 16

Ⓐ □ × Ⓑ □ = Ⓒ □

⑦ 11 × 14

Ⓐ □ × Ⓑ □ = Ⓒ □

⑧ 15 × 18

Ⓐ □ × Ⓑ □ = Ⓒ □

⑨ 19 × 13

Ⓐ □ × Ⓑ □ = Ⓒ □

⑩ 14 × 12

Ⓐ □ × Ⓑ □ = Ⓒ □

如第 22 頁，把相應的數字填進☐裡。 ▶ **答案請見第85頁**

① 19 × 15

Ⓐ ☐ × Ⓑ ☐ = Ⓒ ☐

② 16 × 14

Ⓐ ☐ × Ⓑ ☐ = Ⓒ ☐

③ 11 × 12

Ⓐ ☐ × Ⓑ ☐ = Ⓒ ☐

④ 18 × 17

Ⓐ ☐ × Ⓑ ☐ = Ⓒ ☐

⑤ 14 × 19

Ⓐ ☐ × Ⓑ ☐ = Ⓒ ☐

⑥ 13 × 16

Ⓐ ☐ × Ⓑ ☐ = Ⓒ ☐

⑦ 17 × 15

Ⓐ ☐ × Ⓑ ☐ = Ⓒ ☐

⑧ 12 × 13

Ⓐ ☐ × Ⓑ ☐ = Ⓒ ☐

⑨ 15 × 11

Ⓐ ☐ × Ⓑ ☐ = Ⓒ ☐

⑩ 18 × 16

Ⓐ ☐ × Ⓑ ☐ = Ⓒ ☐

3 | 如第 22 頁，把相應的數字填進□裡。▶答案請見第86頁

1 14 × 15

Ⓐ [ ] × Ⓑ [ ] = Ⓒ [ ]

2 16 × 17

Ⓐ [ ] × Ⓑ [ ] = Ⓒ [ ]

3 18 × 13

Ⓐ [ ] × Ⓑ [ ] = Ⓒ [ ]

4 11 × 11

Ⓐ [ ] × Ⓑ [ ] = Ⓒ [ ]

步驟 3

先加後減，接著相乘！

5 19 × 19

Ⓐ [ ] × Ⓑ [ ] = Ⓒ [ ]

6 17 × 12

Ⓐ [ ] × Ⓑ [ ] = Ⓒ [ ]

7 13 × 14

Ⓐ [ ] × Ⓑ [ ] = Ⓒ [ ]

8 12 × 18

Ⓐ [ ] × Ⓑ [ ] = Ⓒ [ ]

9 17 × 19

Ⓐ [ ] × Ⓑ [ ] = Ⓒ [ ]

10 15 × 16

Ⓐ [ ] × Ⓑ [ ] = Ⓒ [ ]

❶ 17 × 17

Ⓐ ↓ Ⓑ ↓ Ⓒ

□ × □ = □

❷ 15 × 19

Ⓐ ↓ Ⓑ ↓ Ⓒ

□ × □ = □

❸ 12 × 14

Ⓐ ↓ Ⓑ ↓ Ⓒ

□ × □ = □

❹ 13 × 18

Ⓐ ↓ Ⓑ ↓ Ⓒ

□ × □ = □

❺ 19 × 16

Ⓐ ↓ Ⓑ ↓ Ⓒ

□ × □ = □

❻ 14 × 11

Ⓐ ↓ Ⓑ ↓ Ⓒ

□ × □ = □

❼ 15 × 16

Ⓐ ↓ Ⓑ ↓ Ⓒ

□ × □ = □

❽ 18 × 12

Ⓐ ↓ Ⓑ ↓ Ⓒ

□ × □ = □

❾ 17 × 11

Ⓐ ↓ Ⓑ ↓ Ⓒ

□ × □ = □

❿ 16 × 19

Ⓐ ↓ Ⓑ ↓ Ⓒ

□ × □ = □

5 如第 22 頁，把相應的數字填進□裡。 ▶答案請見第86頁

1 16 × 15

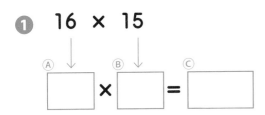

2 11 × 17

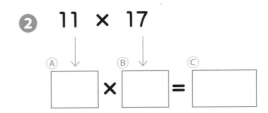

3 18 × 18

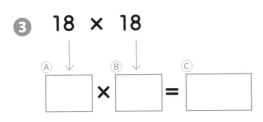

4 13 × 12

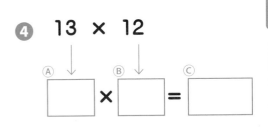

5 15 × 14

6 19 × 17

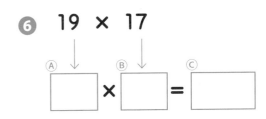

7 14 × 16

8 12 × 11

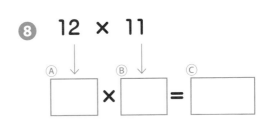

9 19 × 14

10 17 × 18

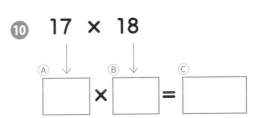

步驟 3

先加後減，接著相乘！

>>> 個ㄍㄜˋ位ㄨㄟˋ數ㄕㄨˋ彼ㄅㄧˇ此ㄘˇ相ㄒㄧㄤ乘ㄔㄥˊ！

這ㄓㄜˋ裡ㄌㄧˇ要ㄧㄠˋ做ㄗㄨㄛˋ的ㄉㄜ計ㄐㄧˋ算ㄙㄨㄢˋ跟ㄍㄣ前ㄑㄧㄢˊ面ㄇㄧㄢˋ有ㄧㄡˇ點ㄉㄧㄢˇ不ㄅㄨˋ一ㄧ樣ㄧㄤˋ！

雖ㄙㄨㄟ然ㄖㄢˊ有ㄧㄡˇ點ㄉㄧㄢˇ不ㄅㄨˋ一ㄧ樣ㄧㄤˋ， 但ㄉㄢˋ做ㄗㄨㄛˋ法ㄈㄚˇ一ㄧ樣ㄧㄤˋ簡ㄐㄧㄢˇ單ㄉㄢ， 請ㄑㄧㄥˇ放ㄈㄤˋ心ㄒㄧㄣ。只ㄓˇ要ㄧㄠˋ把ㄅㄚˇ個ㄍㄜˋ位ㄨㄟˋ數ㄕㄨˋ相ㄒㄧㄤ乘ㄔㄥˊ就ㄐㄧㄡˋ可ㄎㄜˇ以ㄧˇ了ㄌㄜ。

好ㄏㄠˇ， 接ㄐㄧㄝ著ㄓㄜ把ㄅㄚˇ數ㄕㄨˋ字ㄗˋ填ㄊㄧㄢˊ進ㄐㄧㄣˋ Ⓐ、 Ⓑ、 Ⓒ的ㄉㄜ方ㄈㄤ框ㄎㄨㄤ裡ㄌㄧˇ頭ㄊㄡˊ吧ㄅㄚ。

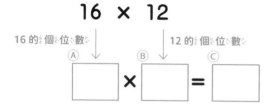

Ⓐ方ㄈㄤ框ㄎㄨㄤ放ㄈㄤˋ進ㄐㄧㄣˋ 16 的ㄉㄜ「個ㄍㄜˋ位ㄨㄟˋ數ㄕㄨˋ」 6， Ⓑ方ㄈㄤ框ㄎㄨㄤ放ㄈㄤˋ進ㄐㄧㄣˋ 12 的ㄉㄜ「個ㄍㄜˋ位ㄨㄟˋ數ㄕㄨˋ」 2， 然ㄖㄢˊ後ㄏㄡˋ 6×2 = 12， Ⓒ方ㄈㄤ框ㄎㄨㄤ是ㄕˋ 12（這ㄓㄜˋ裡ㄌㄧˇ要ㄧㄠˋ再ㄗㄞˋ次ㄘˋ提ㄊㄧˊ醒ㄒㄧㄥˇ大ㄉㄚˋ家ㄐㄧㄚ， 12 不ㄅㄨˋ是ㄕˋ「16×12」的ㄉㄜ答ㄉㄚˊ案ㄢˋ。）

接ㄐㄧㄝ下ㄒㄧㄚˋ來ㄌㄞˊ讓ㄖㄤˋ我ㄨㄛˇ們ㄇㄣ練ㄌㄧㄢˋ習ㄒㄧˊ相ㄒㄧㄤ似ㄙˋ的ㄉㄜ題ㄊㄧˊ目ㄇㄨˋ吧ㄅㄚ。

只ㄓˇ要ㄧㄠˋ把ㄅㄚˇ個ㄍㄜˋ位ㄨㄟˋ數ㄕㄨˋ相ㄒㄧㄤ乘ㄔㄥˊ起ㄑㄧˇ來ㄌㄞˊ就ㄐㄧㄡˋ可ㄎㄜˇ以ㄧˇ了ㄌㄜ♪

1 15 × 17

15 的
個位數 ↓　　　17 的
　　　　　　個位數 ↓

Ⓐ ☐ × Ⓑ ☐ = Ⓒ ☐

2 13 × 12

13 的
個位數 ↓　　　12 的
　　　　　　個位數 ↓

Ⓐ ☐ × Ⓑ ☐ = Ⓒ ☐

3 18 × 14

Ⓐ ☐ × Ⓑ ☐ = Ⓒ ☐

4 19 × 16

Ⓐ ☐ × Ⓑ ☐ = Ⓒ ☐

5 11 × 15

Ⓐ ☐ × Ⓑ ☐ = Ⓒ ☐

6 14 × 14

Ⓐ ☐ × Ⓑ ☐ = Ⓒ ☐

7 17 × 12

Ⓐ ☐ × Ⓑ ☐ = Ⓒ ☐

8 13 × 19

Ⓐ ☐ × Ⓑ ☐ = Ⓒ ☐

9 15 × 19

Ⓐ ☐ × Ⓑ ☐ = Ⓒ ☐

10 12 × 11

Ⓐ ☐ × Ⓑ ☐ = Ⓒ ☐

步驟 4

個位數彼此相乘！

① 15 × 13

Ⓐ　　　Ⓑ　　　Ⓒ
☐ × ☐ = ☐

② 12 × 12

Ⓐ　　　Ⓑ　　　Ⓒ
☐ × ☐ = ☐

③ 16 × 11

Ⓐ　　　Ⓑ　　　Ⓒ
☐ × ☐ = ☐

④ 19 × 18

Ⓐ　　　Ⓑ　　　Ⓒ
☐ × ☐ = ☐

⑤ 17 × 14

Ⓐ　　　Ⓑ　　　Ⓒ
☐ × ☐ = ☐

⑥ 11 × 19

Ⓐ　　　Ⓑ　　　Ⓒ
☐ × ☐ = ☐

⑦ 13 × 17

Ⓐ　　　Ⓑ　　　Ⓒ
☐ × ☐ = ☐

⑧ 17 × 16

Ⓐ　　　Ⓑ　　　Ⓒ
☐ × ☐ = ☐

⑨ 19 × 19

Ⓐ　　　Ⓑ　　　Ⓒ
☐ × ☐ = ☐

⑩ 14 × 18

Ⓐ　　　Ⓑ　　　Ⓒ
☐ × ☐ = ☐

3 如第 28 頁，把相應的數字填進□裡。 ▶**答案請見第87頁**

❶ 16 × 18

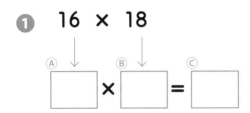

❷ 15 × 12

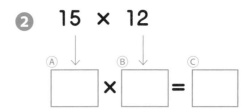

❸ 11 × 17

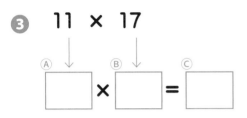

❹ 16 × 13

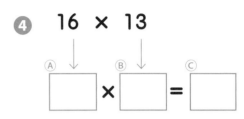

❺ 12 × 19

❻ 18 × 15

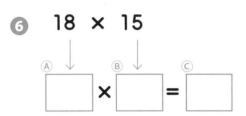

❼ 13 × 11

❽ 19 × 17

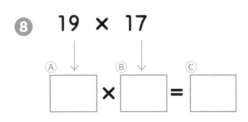

❾ 19 × 14

❿ 15 × 15

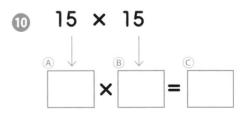

如第 28 頁，把相應的數字填進□裡。 ▶答案請見第87頁

1 12 × 13

Ⓐ ↓　　Ⓑ ↓　　Ⓒ

□ × □ = □

2 19 × 15

Ⓐ ↓　　Ⓑ ↓　　Ⓒ

□ × □ = □

3 16 × 16

Ⓐ ↓　　Ⓑ ↓　　Ⓒ

□ × □ = □

4 11 × 18

Ⓐ ↓　　Ⓑ ↓　　Ⓒ

□ × □ = □

5 17 × 15

Ⓐ ↓　　Ⓑ ↓　　Ⓒ

□ × □ = □

6 14 × 19

Ⓐ ↓　　Ⓑ ↓　　Ⓒ

□ × □ = □

7 13 × 13

Ⓐ ↓　　Ⓑ ↓　　Ⓒ

□ × □ = □

8 19 × 11

Ⓐ ↓　　Ⓑ ↓　　Ⓒ

□ × □ = □

9 16 × 14

Ⓐ ↓　　Ⓑ ↓　　Ⓒ

□ × □ = □

10 17 × 18

Ⓐ ↓　　Ⓑ ↓　　Ⓒ

□ × □ = □

>>> 櫻桃計算 之二

在送禮運算法,「190 + 18」、「260 + 63」、「280 + 81」這類必須移動數字的加法運算過程,有時必須心算(「三位數+二位數」時, 三位數的「個位數」為 0)。

但突然要心算,恐怕有點困擾,對不對?

這個時候,第 8 頁學到的「櫻桃計算」又可以派上用場。

利用櫻桃計算進行加法運算,熟悉了以後, 就能輕鬆地心算出答案。

舉個例子說明吧! 讓我們使用櫻桃計算,算算看「190 + 18」是多少。

「190＋18」的解法

①首先,請思考一下「190 加上多少會變成 200」,
沒錯,答案就是 10。

190＋18＝

190 加上多少會變成 200 ? ⇒答案是 10 !

---

②這裡會運用①的 10。把 18 拆成 10 和 8。
　在 18 下頭畫出櫻桃,分別填入 10 和 8。

190＋18＝

---

③ 190 加上 10,等於 200。200 加上右邊櫻桃的 8,「190 + 18」的答案
　　是 208。

$$190 + \quad 18 \quad = \boxed{208}$$

$$10 \quad 8$$

$$190 + 10 + 8 = 208$$

200

為熟悉櫻桃算式，讓我們再做一題「260＋63」練習。

「260＋63」的解法

①首先，請思考一下「260 加上多少會變成 300」，

沒錯，答案就是 40。

$$260 + 63 =$$

260 加上多少
會變成 300 ？　　**答案是 40！**

②這裡會運用①的 40。把 63 拆成 40 和 23。

在 63 下頭畫出櫻桃，分別填入 40 和 23。

$$260 + 63 =$$

40　　23

③ 260 加上 40，等於 300。300 加上右邊櫻桃的 23，

「300 ＋ 23」的答案是 323。

$$260 + \quad 63 \quad = \boxed{323}$$

$$40 \quad 23$$

$$260 + 40 + 23 = 323$$

300

利用相同的方式，再做點練習題吧！

如第 34 頁，把相應的數字填進○和□裡。

▶ 答案請見第87頁

❶ 250 + 54 =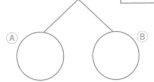

❷ 270 + 72 =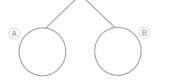

❸ 190 + 32 =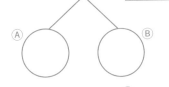

❹ 280 + 45 =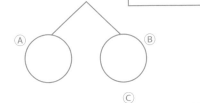

❺ 260 + 78 =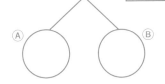

❻ 270 + 81 =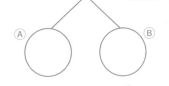

❼ 190 + 20 =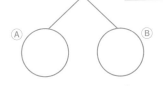

❽ 260 + 56 =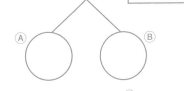

❾ 280 + 72 =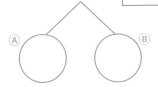

❿ 270 + 48 =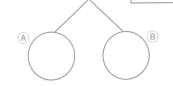

熱身操

櫻桃計算

之二

（致敬愛的家長：為增進孩子的心算能力，練習題也包含了無法用於 11×11～19×19 的計算。❷～❹的練習題亦同。）

2 如第 34 頁，把相應的數字填進◯和□裡。

▶答案請見第87頁

1 250 + 72 =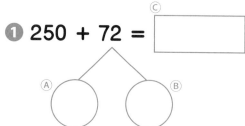

2 190 + 25 =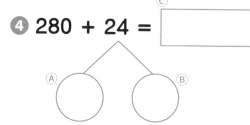

3 270 + 40 =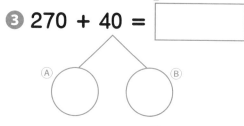

4 280 + 24 =

5 250 + 56 =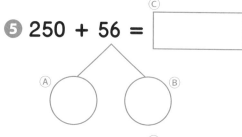

6 260 + 55 =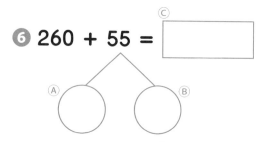

7 280 + 27 =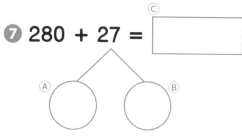

8 190 + 36 =

9 270 + 50 =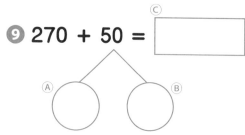

10 260 + 72 =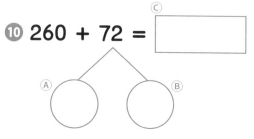

在大腦裡畫櫻桃，計算下面的題目吧（如果覺得有點困難，可以把櫻桃畫出來計算）！

▶ 答案請見第87頁

① $250 + 58 =$

② $280 + 36 =$

③ $190 + 21 =$

④ $270 + 35 =$

⑤ $260 + 49 =$

⑥ $260 + 50 =$

⑦ $280 + 48 =$

⑧ $260 + 64 =$

⑨ $250 + 63 =$

⑩ $270 + 45 =$

熱身操
櫻桃計算
之二

在大腦裡畫櫻桃，計算下面的題目吧（如果覺得有點困難，可以把櫻桃算式畫出來計算）！

▶ 答案請見第88頁

① 250＋81＝

② 270＋36＝

③ 280＋30＝

④ 280＋54＝

⑤ 250＋64＝

⑥ 190＋35＝

⑦ 260＋81＝

⑧ 250＋70＝

⑨ 270＋56＝

⑩ 190＋14＝

太棒了！熱身操到這邊結束了。送禮運算法終於要完成了，趕快翻到下一頁吧！

步ㄅㄨˋ驟ㄗㄡˋ 5

下ㄒㄧㄚˋ圖ㄊㄨˊ結ㄐㄧㄝˊ合ㄏㄜˊ了ㄌㄜ步ㄅㄨˋ驟ㄗㄡˋ3和ㄏㄢˋ步ㄅㄨˋ驟ㄗㄡˋ4，送ㄙㄨㄥˋ禮ㄌㄧˇ運ㄩㄣˋ算ㄙㄨㄢˋ法ㄈㄚˇ終ㄓㄨㄥ於ㄩˊ要ㄧㄠˋ完ㄨㄢˊ成ㄔㄥˊ了ㄌㄜ！想ㄒㄧㄤˇ想ㄒㄧㄤˇ看ㄎㄢˋ，Ⓐ～Ⓖ要ㄧㄠˋ放ㄈㄤˋ進ㄐㄧㄣˋ什ㄕㄣˊ麼ㄇㄜ數ㄕㄨˋ字ㄗˋ？ 這ㄓㄜˋ邊ㄅㄧㄢ有ㄧㄡˇ個ㄍㄜˋ重ㄓㄨㄥˋ點ㄉㄧㄢˇ想ㄒㄧㄤˇ請ㄑㄧㄥˇ各ㄍㄜˋ位ㄨㄟˋ留ㄌㄧㄡˊ意ㄧˋ。

一ㄧˋ般ㄅㄢ算ㄙㄨㄢˋ式ㄕˋ是ㄕˋ由ㄧㄡˊ左ㄗㄨㄛˇ往ㄨㄤˇ右ㄧㄡˋ計ㄐㄧˋ算ㄙㄨㄢˋ，但ㄉㄢˋ先ㄒㄧㄢ乘ㄔㄥˊ除ㄔㄨˊ後ㄏㄡˋ加ㄐㄧㄚ減ㄐㄧㄢˇ，所ㄙㄨㄛˇ以ㄧˇ這ㄓㄜˋ邊ㄅㄧㄢ請ㄑㄧㄥˇ先ㄒㄧㄢ從ㄘㄨㄥˊ乘ㄔㄥˊ法ㄈㄚˇ開ㄎㄞ始ㄕˇ計ㄐㄧˋ算ㄙㄨㄢˋ。

好ㄏㄠˇ，讓ㄖㄤˋ我ㄨㄛˇ們ㄇㄣˊ來ㄌㄞˊ求ㄑㄧㄡˊ「16×12」的ㄉㄜ答ㄉㄚˊ案ㄢˋ！

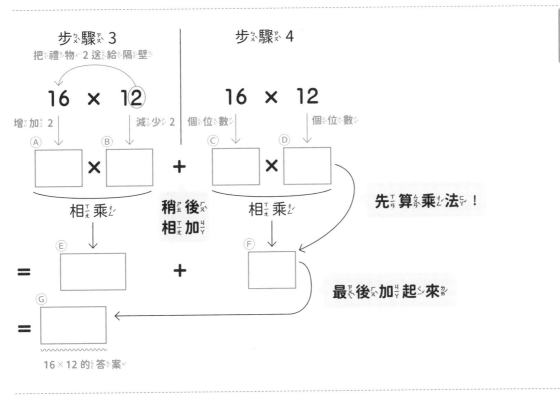

16×12 的ㄉㄜ答ㄉㄚˊ案ㄢˋ

Ⓐ放ㄈㄤˋ進ㄐㄧㄣˋ（16＋2＝）<u>18</u>，Ⓑ放ㄈㄤˋ進ㄐㄧㄣˋ（12－2＝）<u>10</u>。然ㄖㄢˊ後ㄏㄡˋⒸ放ㄈㄤˋ入ㄖㄨˋ6，Ⓓ放ㄈㄤˋ入ㄖㄨˋ2。

這裡讓我們回想一下上一頁的**重點**。運算時必須**先乘除後加減**對吧？所以「Ⓐ × Ⓑ」和「Ⓒ × Ⓓ」要先計算。先算乘法的話，Ⓔ 就是（18×10 ＝）**180**，Ⓕ 就是（6×2 ＝）**12**。接著是計算加法，所以就把 180（Ⓔ）和 12（Ⓕ）相加得到的答案 **192** 放到 Ⓖ 裡頭。**192** 就是「16×12 的答案」。這就是送禮運算法的運算方式。

解答

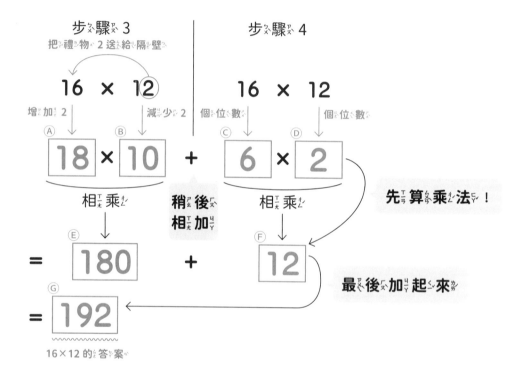

運用同樣的方法，從 11×11 ～ 19×19 的計算，比方說 12×14、18×16、15×19 這類乘法，都可以利用**送禮運算法**計算出來。接著，翻開下一頁，再練習練習吧！

（致敬愛的家長： 這次「16×12」的運算，最後「180 ＋ 12」的計算不須把數字往左移。另一方面，其他送禮運算法（例如 18×19），則包含了必須把數字往左移的計算。第 33 頁的「熱身操 櫻桃計算（之二）」就是這樣的練習。）

1 如第 40 頁，請把相應的數字填進□裡。

▶ 答案請見第88頁

❶ 14 × 15 =

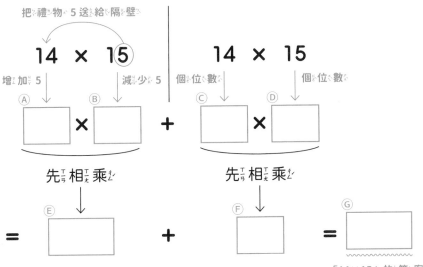

❷ 11 × 17 =

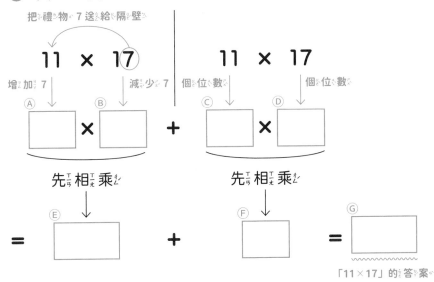

步驟 5

結合步驟 3 和步驟 4，送禮運算法就完成了！

2

如第 40 頁，請把相應的數字填進□裡。接下來的文字說明會越來越少。

▶ 答案請見第88頁

❶ 13 × 13=

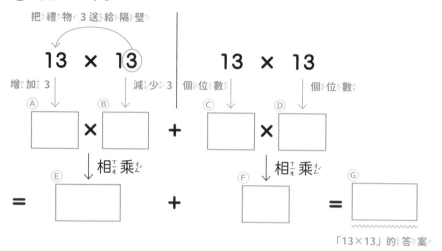

把禮物 3 送給隔壁

13 × ⑬　　　13 × 13

增加 3　減少 3　個位數　　　個位數

Ⓐ　Ⓑ　　Ⓒ　Ⓓ

□ × □ ＋ □ × □

Ⓔ 相乘　Ⓕ 相乘　Ⓖ

= □ ＋ □ = □

「13×13」的答案

----

❷ 18 × 14=

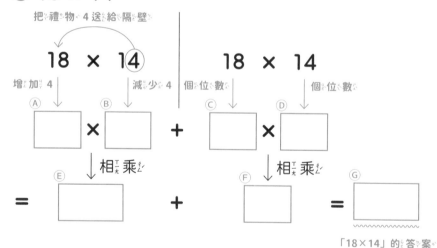

把禮物 4 送給隔壁

18 × ⑭　　　18 × 14

增加 4　減少 4　個位數　　　個位數

Ⓐ　Ⓑ　　Ⓒ　Ⓓ

□ × □ ＋ □ × □

Ⓔ 相乘　Ⓕ 相乘　Ⓖ

= □ ＋ □ = □

「18×14」的答案

為什麼送禮運算法有辦法這樣計算呢？
「送禮運算法技法大公開」就在第80頁♪

3 如》第2 40 頁。，請》把。相。應。的2 數。字。填。進。□裡。。題。目以接。下。來》
會。有。點。變。化，同》編。號。的2 方。框。要。放。入。相。同》的2 數。字。。

▶ 答。案。請》見。第。88頁。

❶ 19 × 14=

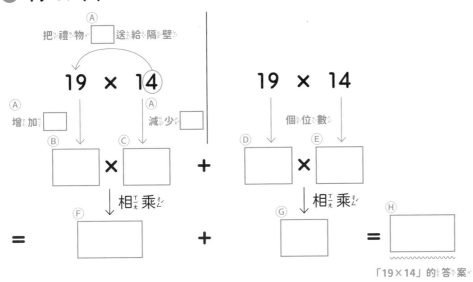

❷ 12 × 11=

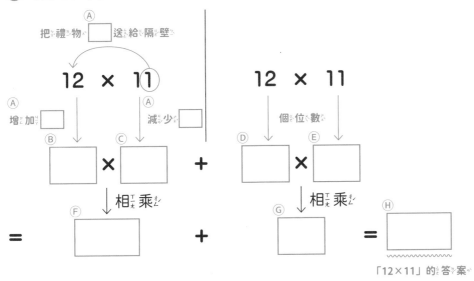

步
驟
5

結
合
步
驟
3
和
步
驟
4
，
送
禮
運
算
法
就
完
成
了
！

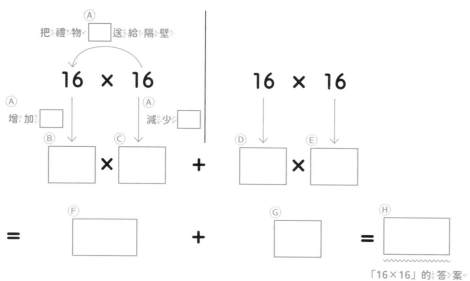

4 如第 40 頁，請把相應的數字填進□裡。文字說明會再減少一些也。同編號的方框要放入相同的數字。

▶答案請見第88頁

① 16 × 16 =

② 17 × 15 =

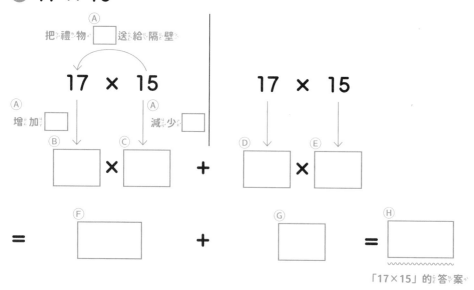

如第 40 頁，請把相應的數字填進○和□裡。同編號的方框要放入相同的數字。

▶ 答案請見第88頁

❶ 12 × 19 =

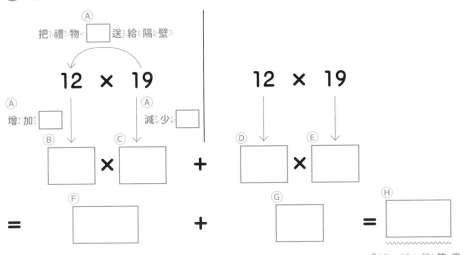

❷ 18 × 18 =

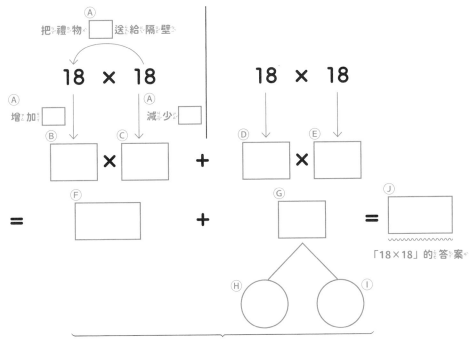

使用第 33 頁練習過的「櫻桃計算」！

步驟 5

結合步驟 3 和步驟 4，送禮運算法就完成了！

6 如第 40 頁，請把相應的數字填進◯和□裡。同編號的方框要放入相同的數字。

▶ 答案請見第88頁

❶ 17 × 12 =

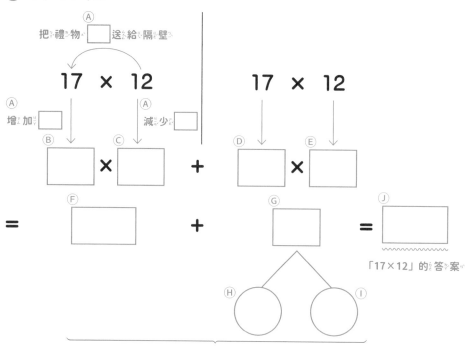

使用第 33 頁練習過的「櫻桃計算」！

----

❷ 13 × 15 =

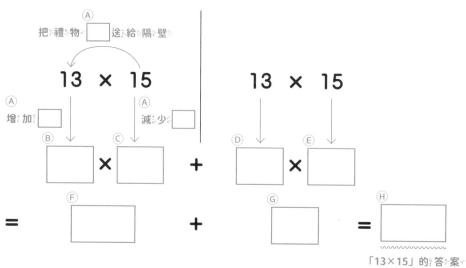

7 如果第 40 頁，請把相應的數字填進○和□裡。文字說明會再減少一些些。同編號的方框要放入相同的數字。

▶ 答案請見第88頁

❶ 11 × 11 =

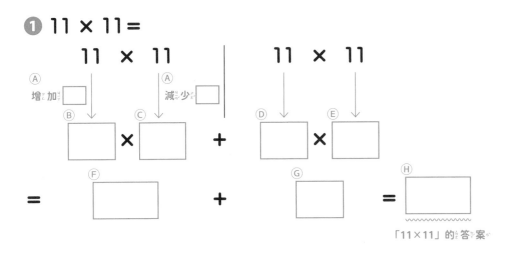

「11×11」的答案

步驟 5

結合步驟 3 和步驟 4，送禮運算法就完成了！

❷ 18 × 19 =

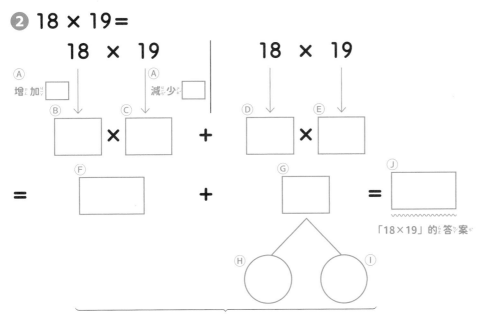

「18×19」的答案

使用第 33 頁練習過的「櫻桃計算」！

如第 40 頁，請把相應的數字填進□裡。問題接下來會有點變化。

▶答案請見第89頁

❶ 13 × 16＝

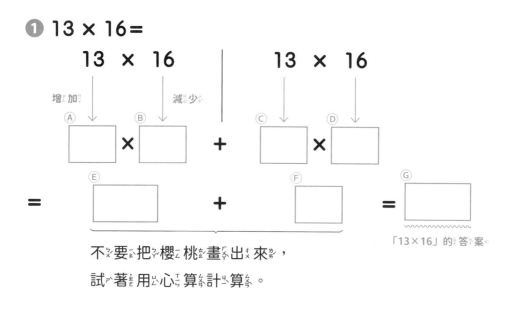

不要把櫻桃畫出來，
試著用心算計算。

❷ 12 × 15＝

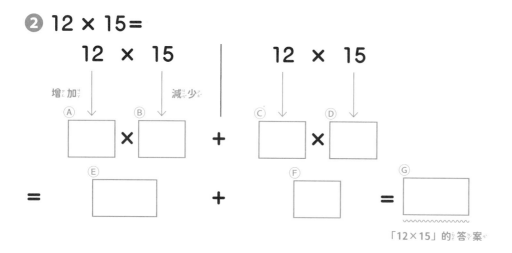

提示 減少了不少呢♪

9 如ㄖ第ㄉ 40 頁ㄧㄝˋ，請ㄑ把ㄅ相ㄒㄧㄤ應ㄥ的ㄉ數ㄕ字ㄗ填ㄊㄧㄢ進ㄐ□裡ㄌㄧ。文ㄨ字ㄗ說ㄕㄨㄛ明ㄇ會ㄏ再ㄗ減ㄐ少ㄕ一ㄧ些ㄒ。

▶ 答ㄉ案ㄢ請ㄑ見ㄐㄧㄢ第ㄉ**89頁**ㄧㄝ

1 12 × 12 =

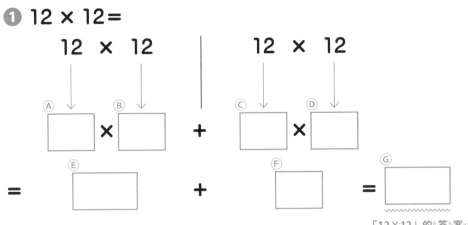

=

「12×12」的ㄉ答ㄉ案ㄢ

----

2 17 × 18 =

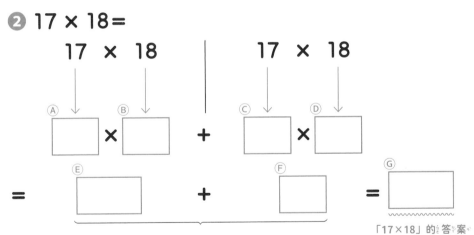

=

「17×18」的ㄉ答ㄉ案ㄢ

不ㄅ要ㄧㄠ把ㄅ櫻ㄧㄥ桃ㄊㄠ畫ㄏㄨㄚ出ㄔㄨ來ㄌㄞ，

試ㄕ著ㄓㄜ用ㄩㄥ心ㄒㄧㄣ算ㄙㄨㄢ計ㄐㄧ算ㄙㄨㄢ。

自ㄗ己ㄐㄧ算ㄙㄨㄢ出ㄔㄨ答ㄉ案ㄢ，你ㄋㄧ真ㄓㄣ棒ㄅㄤ♪

10 　如ㄖㄨˊ第ㄉㄧˋ 40 頁ㄧㄝˋ，請ㄑㄧㄥˇ把ㄅㄚˇ相ㄒㄧㄤ應ㄧㄥ的ㄉㄜ˙數ㄕㄨˋ字ㄗˋ填ㄊㄧㄢˊ進ㄐㄧㄣˋ☐裡ㄌㄧˇ。

▶ 答ㄉㄚˊ案ㄢˋ請ㄑㄧㄥˇ見ㄐㄧㄢˋ第ㄉㄧˋ89頁ㄧㄝˋ

❶ 11 × 16 =

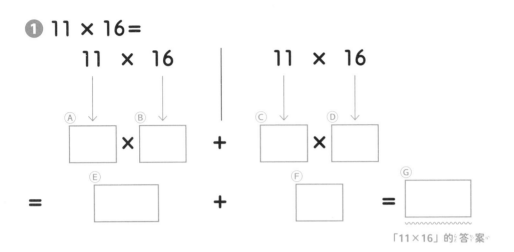

❷ 19 × 17 =

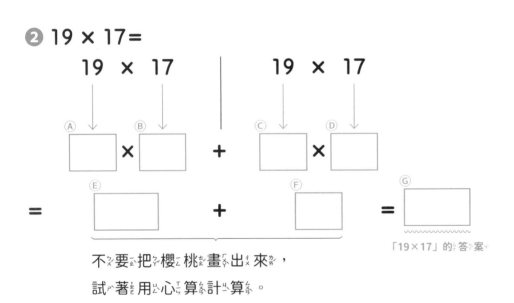

不ㄅㄨˋ要ㄧㄠˋ把ㄅㄚˇ櫻ㄧㄥ桃ㄊㄠˊ畫ㄏㄨㄚˋ出ㄔㄨ來ㄌㄞˊ，

試ㄕˋ著ㄓㄜˊ用ㄩㄥˋ心ㄒㄧㄣ算ㄙㄨㄢˋ計ㄐㄧˋ算ㄙㄨㄢˋ。

兩ㄌㄧㄤˇ題ㄊㄧˊ都ㄉㄡ答ㄉㄚˊ對ㄉㄨㄟˋ了ㄌㄜ˙嗎ㄇㄚ˙？ 要ㄧㄠˋ對ㄉㄨㄟˋ自ㄗˋ己ㄐㄧˇ有ㄧㄡˇ信ㄒㄧㄣˋ心ㄒㄧㄣ♪

>>> 把送禮運算法練到滾瓜爛熟吧！

以下計算如步驟 5 的 ⑩，刪減了文字說明。請把數字填進 Ⓐ～Ⓖ 的空格中。

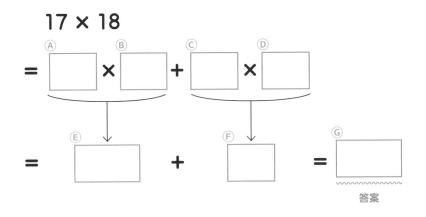

17 × 18

「17×18」這題，18 會把「禮物 8」送給 17。

所以，Ⓐ 要放入（17 ＋ 8 ＝）**25**，Ⓑ 放入（18 － 8 ＝）**10**。

Ⓒ 和 Ⓓ 則分別放入兩個二位數的個位數，因此 Ⓒ 為 **7**，

Ⓓ 為 **8**。

Ⓔ 為（25×10 ＝）**250**，Ⓕ 為（7×8 ＝）**56**。

然後 Ⓖ 為 250（Ⓔ）和 56（Ⓕ）相加，等於 **306**。

306 為「17×18 的答案」。

重點在於「快速」且「正確」地計算出答案♪

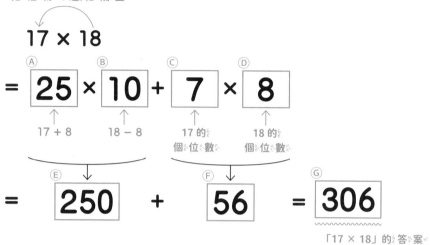

把禮物 8 送給隔壁

$$17 \times 18$$

$$= \boxed{25} \times \boxed{10} + \boxed{7} \times \boxed{8}$$

Ⓐ 17 + 8　Ⓑ 18 − 8　Ⓒ 17 的個位數　Ⓓ 18 的個位數

$$= \boxed{250} + \boxed{56} = \boxed{306}$$

Ⓔ　　　Ⓕ　　　Ⓖ

「17 × 18」的答案

那麼，請翻到下一頁，練習相似的問題吧！

接下來，一口氣解開
8～10個問題吧 ♪

1 如第 52 頁，請把相應的數字填進□裡！

▶答案請見第89頁

（例） 19 × 15

= $\boxed{24}$ × $\boxed{10}$ + $\boxed{9}$ × $\boxed{5}$

= $\boxed{240}$ + $\boxed{45}$ = $\boxed{285}$

---

❶ 14 × 11

= □ × □ + □ × □

= □ + □ = □

❷ 13 × 15

= □ × □ + □ × □

= □ + □ = □

❸ 16 × 16

= □ × □ + □ × □

= □ + □ = □

❹ 17 × 19

= □ × □ + □ × □

= □ + □ = □

❺ 12 × 18

= □ × □ + □ × □

= □ + □ = □

❻ 15 × 15

= □ × □ + □ × □

= □ + □ = □

❼ 14 × 17

= □ × □ + □ × □

= □ + □ = □

❽ 11 × 13

= □ × □ + □ × □

= □ + □ = □

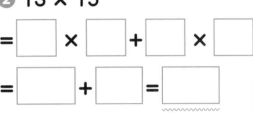

步驟 6

把送禮運算法練到滾瓜爛熟吧！

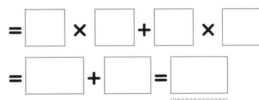

① 19 × 11

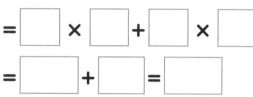

② 16 × 12

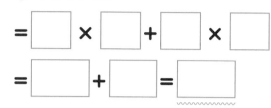

③ 15 × 18

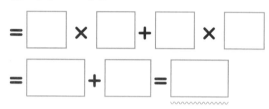

④ 13 × 14

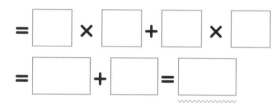

⑤ 11 × 17

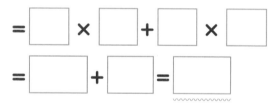

⑥ 18 × 18

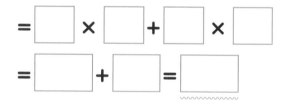

⑦ 14 × 19

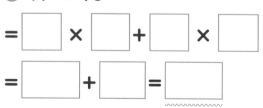

⑧ 12 × 12

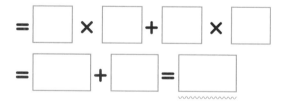

⑨ 17 × 13

⑩ 19 × 16

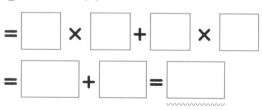

3 如第 52 頁，請把相應的數字填進□裡！

▶ 答案請見第90頁

1 15 × 13

= □ × □ + □ × □

= □ + □ = □

2 18 × 19

= □ × □ + □ × □

= □ + □ = □

3 11 × 12

= □ × □ + □ × □

= □ + □ = □

4 16 × 11

= □ × □ + □ × □

= □ + □ = □

5 14 × 12

= □ × □ + □ × □

= □ + □ = □

6 19 × 17

= □ × □ + □ × □

= □ + □ = □

7 18 × 15

= □ × □ + □ × □

= □ + □ = □

8 13 × 13

= □ × □ + □ × □

= □ + □ = □

9 17 × 16

= □ × □ + □ × □

= □ + □ = □

10 15 × 19

= □ × □ + □ × □

= □ + □ = □

步驟 6

把送禮運算法練到滾瓜爛熟吧！

>>> 減ㄐㄧㄢˇ少ㄕㄠˇ方ㄈㄤ框ㄎㄨㄤ□的ㄉㄜ數ㄕㄨˋ量ㄌㄧㄤˋ，加ㄐㄧㄚ強ㄑㄧㄤˊ練ㄌㄧㄢˋ習ㄒㄧˊ！

1 請ㄑㄧㄥˇ把ㄅㄚˇ相ㄒㄧㄤ應ㄧㄥ的ㄉㄜ數ㄕㄨˋ字ㄗˋ填ㄊㄧㄢˊ進ㄐㄧㄣˋ方ㄈㄤ框ㄎㄨㄤ□裡ㄌㄧˇ！爲ㄨㄟˋ了ㄌㄜ讓ㄖㄤˋ大ㄉㄚˋ家ㄐㄧㄚ熟ㄕㄡˊ記ㄐㄧˋ計ㄐㄧˋ算ㄙㄨㄢˋ的ㄉㄜ方ㄈㄤ式ㄕˋ，接ㄐㄧㄝ下ㄒㄧㄚˋ來ㄌㄞˊ方ㄈㄤ框ㄎㄨㄤ□的ㄉㄜ提ㄊㄧˊ示ㄕˋ（像ㄒㄧㄤˋ下ㄒㄧㄚˋ面ㄇㄧㄢˋ範ㄈㄢˋ例ㄌㄧˋ中ㄓㄨㄥ的ㄉㄜ 23×10）會ㄏㄨㄟˋ越ㄩㄝˋ來ㄌㄞˊ越ㄩㄝˋ少ㄕㄠˇ。

▶ 答ㄉㄚˊ案ㄢˋ請ㄑㄧㄥˇ見ㄐㄧㄢˋ第ㄉㄧˋ**91**頁ㄧㄝˋ

（例ㄌㄧˋ） 18 × 15 = 230 + 40 = 270
提ㄊㄧˊ示ㄕˋ→　23 × 10　　8 × 5　　答ㄉㄚˊ案ㄢˋ

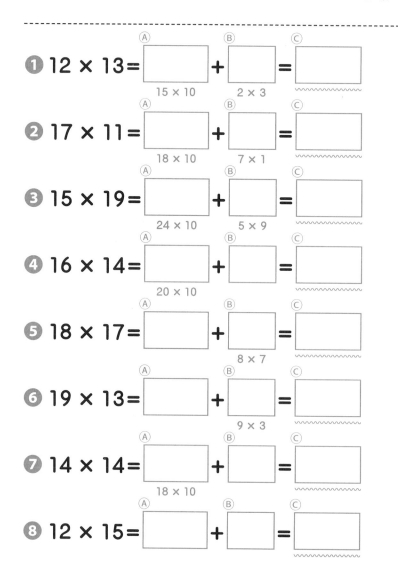

❶ 12 × 13 = Ⓐ □ + Ⓑ □ = Ⓒ □
15 × 10　　2 × 3

❷ 17 × 11 = Ⓐ □ + Ⓑ □ = Ⓒ □
18 × 10　　7 × 1

❸ 15 × 19 = Ⓐ □ + Ⓑ □ = Ⓒ □
24 × 10　　5 × 9

❹ 16 × 14 = Ⓐ □ + Ⓑ □ = Ⓒ □
20 × 10

❺ 18 × 17 = Ⓐ □ + Ⓑ □ = Ⓒ □
8 × 7

❻ 19 × 13 = Ⓐ □ + Ⓑ □ = Ⓒ □
9 × 3

❼ 14 × 14 = Ⓐ □ + Ⓑ □ = Ⓒ □
18 × 10

❽ 12 × 15 = Ⓐ □ + Ⓑ □ = Ⓒ □

如第 56 頁，請把相應的數字填進□裡！

▶ 答案請見第91頁

❶ 14 × 13 = ⒶⓁ ＋ Ⓑ ＝ Ⓒ

❷ 17 × 16 = Ⓐ ＋ Ⓑ ＝ Ⓒ

❸ 12 × 19 = Ⓐ ＋ Ⓑ ＝ Ⓒ

❹ 15 × 11 = Ⓐ ＋ Ⓑ ＝ Ⓒ

❺ 16 × 18 = Ⓐ ＋ Ⓑ ＝ Ⓒ

❻ 11 × 16 = Ⓐ ＋ Ⓑ ＝ Ⓒ

❼ 19 × 17 = Ⓐ ＋ Ⓑ ＝ Ⓒ

❽ 13 × 15 = Ⓐ ＋ Ⓑ ＝ Ⓒ

❾ 12 × 11 = Ⓐ ＋ Ⓑ ＝ Ⓒ

❿ 17 × 18 = Ⓐ ＋ Ⓑ ＝ Ⓒ

步驟 7

減少方框□的數量，加強練習！

如第 56 頁，請把相應的數字填進□裡！

▶答案請見第91頁

① 19 × 14= ⒶＡ □ + ⒷＢ □ = ⒸＣ □

② 18 × 18= ⒶＡ □ + ⒷＢ □ = ⒸＣ □

③ 11 × 13= ⒶＡ □ + ⒷＢ □ = ⒸＣ □

④ 15 × 16= ⒶＡ □ + ⒷＢ □ = ⒸＣ □

⑤ 18 × 12= ⒶＡ □ + ⒷＢ □ = ⒸＣ □

⑥ 16 × 19= ⒶＡ □ + ⒷＢ □ = ⒸＣ □

⑦ 12 × 17= ⒶＡ □ + ⒷＢ □ = ⒸＣ □

⑧ 13 × 14= ⒶＡ □ + ⒷＢ □ = ⒸＣ □

⑨ 17 × 17= ⒶＡ □ + ⒷＢ □ = ⒸＣ □

⑩ 19 × 18= ⒶＡ □ + ⒷＢ □ = ⒸＣ □

4

如第 56 頁，請把相應的數字填進□裡！

▶ 答案請見第92頁

① 17 × 14 = Ⓐ[　] + Ⓑ[　] = Ⓒ[　]

② 13 × 13 = Ⓐ[　] + Ⓑ[　] = Ⓒ[　]

③ 19 × 19 = Ⓐ[　] + Ⓑ[　] = Ⓒ[　]

④ 16 × 12 = Ⓐ[　] + Ⓑ[　] = Ⓒ[　]

⑤ 18 × 11 = Ⓐ[　] + Ⓑ[　] = Ⓒ[　]

⑥ 15 × 17 = Ⓐ[　] + Ⓑ[　] = Ⓒ[　]

⑦ 13 × 19 = Ⓐ[　] + Ⓑ[　] = Ⓒ[　]

⑧ 14 × 16 = Ⓐ[　] + Ⓑ[　] = Ⓒ[　]

⑨ 11 × 11 = Ⓐ[　] + Ⓑ[　] = Ⓒ[　]

⑩ 12 × 18 = Ⓐ[　] + Ⓑ[　] = Ⓒ[　]

步驟 7

減少方框□的數量，加強練習！

如第 56 頁，請把相應的數字填進□裡！

▶答案請見第92頁

① 16 × 13 = ⓐ[　　　] + ⓑ[　　] = ⓒ[　　　]

② 14 × 12 = ⓐ[　　　] + ⓑ[　　] = ⓒ[　　　]

③ 19 × 15 = ⓐ[　　　] + ⓑ[　　] = ⓒ[　　　]

④ 17 × 13 = ⓐ[　　　] + ⓑ[　　] = ⓒ[　　　]

⑤ 19 × 16 = ⓐ[　　　] + ⓑ[　　] = ⓒ[　　　]

⑥ 15 × 18 = ⓐ[　　　] + ⓑ[　　] = ⓒ[　　　]

⑦ 18 × 14 = ⓐ[　　　] + ⓑ[　　] = ⓒ[　　　]

⑧ 17 × 19 = ⓐ[　　　] + ⓑ[　　] = ⓒ[　　　]

⑨ 16 × 16 = ⓐ[　　　] + ⓑ[　　] = ⓒ[　　　]

⑩ 11 × 18 = ⓐ[　　　] + ⓑ[　　] = ⓒ[　　　]

>>> 成<ruby>為<rt>ㄨㄟˊ</rt></ruby>送<ruby>禮<rt>ㄌㄧˇ</rt></ruby>運<ruby>算<rt>ㄙㄨㄢˋ</rt></ruby>法<ruby>的<rt>ㄉㄜˊ</rt></ruby>運<ruby>算<rt>ㄙㄨㄢˋ</rt></ruby>高<ruby>手<rt>ㄕㄡˇ</rt></ruby>吧<ruby>！<rt></rt></ruby>

終<ruby>於<rt>ㄩˊ</rt></ruby>來<ruby>到<rt>ㄉㄠˋ</rt></ruby>最<ruby>後<rt>ㄏㄡˋ</rt></ruby>一<ruby>步<rt>ㄅㄨˋ</rt></ruby>了<ruby>。<rt></rt></ruby>試<ruby>著<rt>ㄓㄜ˙</rt></ruby>靠<ruby>自<rt>ㄗˋ</rt></ruby>己<ruby>的<rt>ㄉㄜˊ</rt></ruby>力<ruby>量<rt>ㄌㄧㄤˋ</rt></ruby>，利<ruby>用<rt>ㄩㄥˋ</rt></ruby>送<ruby>禮<rt>ㄌㄧˇ</rt></ruby>運<ruby>算<rt>ㄙㄨㄢˋ</rt></ruby>法<ruby>來<rt>ㄌㄞˊ</rt></ruby>解<ruby>題<rt>ㄊㄧˊ</rt></ruby>吧<ruby>！<rt></rt></ruby>如<ruby>果<rt>ㄍㄨㄛˇ</rt></ruby>有<ruby>辦<rt>ㄅㄢˋ</rt></ruby>法<ruby>心<rt>ㄒㄧㄣ</rt></ruby>算<ruby>，<rt></rt></ruby>請<ruby>直<rt>ㄓˊ</rt></ruby>接<ruby>算<rt>ㄙㄨㄢˋ</rt></ruby>出<ruby>答<rt>ㄉㄚˊ</rt></ruby>案<ruby>；<rt></rt></ruby>如<ruby>果<rt>ㄍㄨㄛˇ</rt></ruby>有<ruby>點<rt>ㄉㄧㄢˇ</rt></ruby>困<ruby>難<rt>ㄋㄢˊ</rt></ruby>，把<ruby>中<rt>ㄓㄨㄥ</rt></ruby>間<ruby>的<rt>ㄉㄜˊ</rt></ruby>計<ruby>算<rt>ㄙㄨㄢˋ</rt></ruby>過<ruby>程<rt>ㄔㄥˊ</rt></ruby>寫<ruby>出<rt>ㄔㄨ</rt></ruby>來<ruby>也<rt>ㄧㄝˇ</rt></ruby>沒<ruby>關<rt>ㄍㄨㄢ</rt></ruby>係<ruby>。<rt></rt></ruby>

|1| 試<ruby>著<rt>ㄓㄜ˙</rt></ruby>練<ruby>習<rt>ㄒㄧˊ</rt></ruby>下<ruby>面<rt>ㄇㄧㄢˋ</rt></ruby>的<ruby>題<rt>ㄊㄧˊ</rt></ruby>目<ruby>！<rt></rt></ruby>　　　　▶ 答<ruby>案<rt>ㄢˋ</rt></ruby>請<ruby>見<rt>ㄐㄧㄢˋ</rt></ruby>第<ruby>92頁<rt>ㄧㄝˋ</rt></ruby>

❶ 15 × 15 =

❷ 14 × 18 =

❸ 17 × 12 =

❹ 13 × 15 =

❺ 14 × 19 =

❻ 12 × 11 =

❼ 17 × 17 =

❽ 16 × 14 =

❾ 18 × 13 =

❿ 19 × 11 =

① $14 \times 17 =$

② $18 \times 18 =$

③ $19 \times 19 =$

④ $13 \times 14 =$

⑤ $16 \times 12 =$

⑥ $11 \times 19 =$

⑦ $12 \times 13 =$

⑧ $15 \times 17 =$

⑨ $16 \times 18 =$

⑩ $17 \times 11 =$

① 19 × 17＝

② 12 × 15＝

③ 16 × 13＝

④ 18 × 11＝

⑤ 14 × 15＝

⑥ 11 × 17＝

⑦ 18 × 12＝

⑧ 15 × 16＝

⑨ 19 × 18＝

⑩ 17 × 16＝

步驟 8

成為送禮運算法的運算高手吧！

計算方式的建議： 二位數×一位數， 使用分配律來計算； 19×19則使用送禮運算法求解！

分配律指的是如下運算規則。

$$(○ + □) × △ = ○ × △ + □ × △$$

△分別與左邊的○和□
相乘後相加。

（例1） $\begin{aligned}(10 + 7) × 9 &= 10 × 9 + 7 × 9 \\ &= 90 + 63 \\ &= 153 \end{aligned}$

$$△ × (○ + □) = △ × ○ + △ × □$$

△分別與右邊的○和□
相乘後相加。

（例2） $\begin{aligned}3 × (40 + 5) &= 3 × 40 + 3 × 5 \\ &= 120 + 15 \\ &= 135 \end{aligned}$

二位數乘一位數，或是一位數×二位數，都可以使用這個分配律運算。熟悉這個方法後，便能透過心算進行運算，非常建議把這個方法教給小朋友。

比方說，17×9（二位數×一位數），可以把式子改寫成「17×9 =（10 + 7）×9」，然後如上面的（例1）進行運算。

又例如，3×45（一位數×二位數），可以把式子改寫成「3×45 = 3×（40 + 5）」，然後如上面的（例2）求出解答。

而 11×11 ～ 19×19 也可以利用分配律進行運算。

比方說，19×17 可以如下求出答案。

〔式子1〕 　19×17

〔式子2〕 　=19×(10＋7)

〔式子3〕 　=19×10＋19×7

〔式子4〕 　=190＋133

　　　　　　=323

17 = 10 + 7

19分別與括號裡的數字相乘（分配律）

利用分配律來計算19×7

　　這種計算並不容易。首先，從〔式子2〕到〔式子3〕、〔式子3〕到〔式子4〕，必須使用兩次分配律來計算。運算過程中，可能有不少小朋友會對19×7的心算感到棘手。而且在〔式子4〕還必須進行「三位數＋三位數」的計算。

　　然而，利用送禮運算法來求19×17的解答，可以如下快速且簡單地計算出來。

19×17＝26×10＋9×7＝260＋63＝323

　　雖然送禮運算法最後一定要做「三位數＋二位數」的計算，但三位數的個位數一定是0，就這點而言，計算相對容易。

　　不只是19×17，其他類似的運算，利用送禮運算法會比分配律要來得輕鬆容易。

　　也就是說，「二位數×一位數」和「一位數×二位數」使用分配律，而11×11到19×19的運算則使用送禮運算法，以兩者都能心算出解答為目標，是我的建議。

10 題送禮運算法
小試身手 之一

（1題10分，滿分為100分）

這裡讓我們小試身手，透過反覆練習熟記計算，盡可能以得分 90 分以上為目標。

▶ 答案請見第93頁

※ 如果想多次練習第 66 頁到第 76 頁的題目，可以在筆記本上計算。

❶ 17 × 15＝

❷ 19 × 18＝

❸ 12 × 14＝

❹ 13 × 11＝

❺ 16 × 16＝

❻ 11 × 11＝

❼ 18 × 16＝

❽ 15 × 13＝

❾ 15 × 19＝

❿ 13 × 17＝

10 題送禮運算法
小試身手 之二

（1題10分，滿分為100分）

這裡讓我們小試身手，透過反覆練習熟記計算，盡可能以得分90分以上為目標。

▶ 答案請見第93頁

❶ 12 × 19 =

❷ 14 × 18 =

❸ 17 × 14 =

❹ 11 × 15 =

❺ 19 × 13 =

❻ 16 × 15 =

❼ 17 × 19 =

❽ 13 × 12 =

❾ 16 × 11 =

❿ 18 × 17 =

10 題送禮運算法
小試身手 之三

（1題10分，滿分為100分）

這裡讓我們小試身手，透過反覆練習熟記計算，盡可能以得分 90 分以上為目標。

▶ 答案請見第93頁

❶ 15 × 18=

❷ 14 × 13=

❸ 18 × 18=

❹ 17 × 17=

❺ 12 × 16=

❻ 11 × 14=

❼ 19 × 15=

❽ 18 × 14=

❾ 15 × 11=

❿ 13 × 16=

10 題送禮運算法
小試身手 之四

（1題10分，滿分為100分）

這裡讓我們小試身手，透過反覆練習熟記計算，盡可能以得分 90 分以上為目標。

▶ 答案請見第94頁

❶ 11 × 18 ＝

❷ 13 × 13 ＝

❸ 16 × 17 ＝

❹ 19 × 14 ＝

❺ 15 × 16 ＝

❻ 12 × 12 ＝

❼ 14 × 12 ＝

❽ 18 × 19 ＝

❾ 19 × 11 ＝

❿ 14 × 15 ＝

10題送禮運算法
小試身手 之五

（1題10分，滿分為100分）

這裡讓我們小試身手，透過反覆練習熟記計算，盡可能以得分 90 分以上為目標。

▶ 答案請見第94頁

❶ 16 × 19 =

❷ 11 × 13 =

❸ 12 × 18 =

❹ 17 × 16 =

❺ 19 × 19 =

❻ 13 × 14 =

❼ 15 × 12 =

❽ 16 × 14 =

❾ 17 × 18 =

❿ 15 × 15 =

利用送禮運算法，加快小數和比率計算的速度！

比方說「1.3×0.18」這類小數的乘法計算，也能使用送禮運算法來求解。計算方式如下。

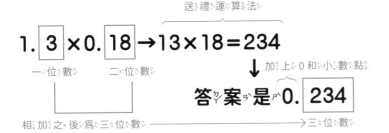

首先，拿掉小數點，使用送禮運算法來計算「13×18」（13×18 = 21×10 + 3×8 = 210 + 24 = **234**）。

1.3 小數的部分為一位數，0.18 小數的部分為二位數，「一位數＋二位數＝三位數」，234 的三位數作為小數，因此答案為 0.234。

然而，小數計算最常出錯的地方就是「把小數點的位置放錯」。為了預防這樣的錯誤，我們要學會「小數點之舞」（我發明的詞彙）。小數乘法就是小數點從左右相反的方向，移動相同次數的位置（跳舞）。

（例） $7000×0.05 = 70.00.×0.05. = 70×5 = 350$

小數點從左右相反的方向，
分別移動（跳舞）了兩次位置。

這個專欄主要是討論乘法，不過除法也適用。

小數除法就是小數點從左右相同的方向，移動相同次數的位置（跳舞）。

（例） $2.4 \div 0.003 = 2.400. \div 0.003. = 2400 \div 3 = 800$

小數點從左右相同的方向，
分別移動（跳舞）了三次位置。

使用小數點之舞，便能夠減少點錯小數點位置的錯誤，趁這個機會記起來吧。接下來就要進入正題了。「小數點之舞」和「送禮運算法」兩者組合起來，能提升小數計算和比率計算的正確性和速度。

比方說，「0.014×15000」這個計算問題，很可能在點答案的小數點時出錯，對不對？ 如果不改寫式子，直接動筆計算，算起來相當複雜。然而，搭配運用小數點之舞和送禮運算法，可以如下快速求出答案。

送禮運算法

$0.014 \times 15000 = 0.014. \times 15.000. = 14 \times 15 = 210$

小數點從左右相反的方向，
分別移動三次位置。

此外，利用相同的方法，可以輕鬆求出「比率計算」的答案。比方說，讓我們來計算一下這個題目：「1600 元的 19% 是多少？」。把 19% 改用小數來表示， 就是 0.19，「1600×0.19」可以如下計算。

送禮運算法

$1600 \times 0.19 = 16.00. \times 0.19. = 16 \times 19 = 304$

小數點從左右相反的方向，
分別移動兩次位置。

答案是 <u>304</u>（元）。

中學的數學和理化考試，經常出現計算「生理食鹽水的濃度」的題目，計算濃度大多也能使用送禮運算法。比方說，「濃度 19%，1600 克的生理食鹽水，含有多少克的食鹽？」這個問題可以如左頁那樣，「1600×0.19 ＝ 304（克）」求出答案。

家長在工作上遇到要計算「1600 人的 19% 是多少人？」的時候，如果可以馬上回答出「304 人」，應該利大於弊吧。所以長大後，送禮運算法也很有用，我很推薦大家盡早學會這個運算法。

20題送禮運算法綜合測驗 之一

（1題5分，滿分為100分）（及格分數為90分）

接下來為本書最後的綜合測驗（共3回）。計算一下題目，發揮你的實力吧！

▶ 答案請見第94頁

❶ $17 \times 17 =$

❷ $11 \times 15 =$

❸ $18 \times 13 =$

❹ $16 \times 19 =$

❺ $12 \times 14 =$

❻ $17 \times 11 =$

❼ $15 \times 18 =$

❽ $19 \times 12 =$

❾ $14 \times 16 =$

❿ $13 \times 15 =$

⓫ $19 \times 17 =$

⓬ $11 \times 12 =$

⓭ $18 \times 18 =$

⓮ $16 \times 13 =$

⓯ $11 \times 19 =$

⓰ $15 \times 14 =$

⓱ $17 \times 16 =$

⓲ $16 \times 12 =$

⓳ $13 \times 18 =$

⓴ $19 \times 15 =$

20 題送禮運算法綜合測驗 之二

（1題5分，滿分爲100分）（及格分數爲90分）

接下來爲本書最後的綜合測驗。 計算一下題目，發揮你的實力吧！

▶ **答案請見第94頁**

❶ $12 \times 11 =$

❷ $14 \times 14 =$

❸ $19 \times 16 =$

❹ $17 \times 13 =$

❺ $15 \times 16 =$

❻ $11 \times 18 =$

❼ $12 \times 12 =$

❽ $18 \times 17 =$

❾ $17 \times 15 =$

❿ $13 \times 14 =$

⓫ $16 \times 16 =$

⓬ $19 \times 11 =$

⓭ $14 \times 15 =$

⓮ $18 \times 12 =$

⓯ $13 \times 11 =$

⓰ $14 \times 17 =$

⓱ $18 \times 19 =$

⓲ $12 \times 15 =$

⓳ $13 \times 17 =$

⓴ $16 \times 14 =$

20 題 送禮運算法 綜合測驗 之三

（1題5分，滿分為100分）（及格分數為90分）

接下來為本書最後的綜合測驗。計算一下題目，發揮你的實力吧！

▶ 答案請見第94頁

❶ 15 × 12 =

❷ 16 × 18 =

❸ 13 × 16 =

❹ 14 × 11 =

❺ 17 × 19 =

❻ 15 × 15 =

❼ 19 × 14 =

❽ 12 × 18 =

❾ 11 × 13 =

❿ 18 × 16 =

⓫ 19 × 19 =

⓬ 14 × 18 =

⓭ 11 × 15 =

⓮ 13 × 19 =

⓯ 17 × 18 =

⓰ 16 × 11 =

⓱ 14 × 13 =

⓲ 12 × 17 =

⓳ 16 × 17 =

⓴ 18 × 15 =

使用送禮運算法，面積、容積、角度的計算，輕鬆又簡單！

　　學算術時，經常會遇到 11×11 ～ 19×19 的計算。不只是計算題或文字敘述題，送禮運算法也能應用在圖形題上。送禮運算法可以用來解什麼樣的圖形題呢？ 以下舉例介紹。

面積

（例）下圖菱形的面積為多少 cm² ？

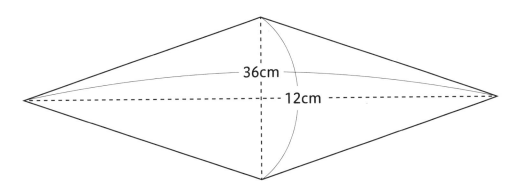

　　「**菱形的面積＝對角線×對角線÷2**」，計算 12×36÷2 便能求出面積。

　　式子可以修改成 12×36÷2 = 12×（36÷2） = 12×18，利用送禮運算法可以如下求出面積。

$$12×18=20×10+2×8=200+16=\underline{216}（cm^2）$$

容積

（例）下圖容器的容積為多少 cm³？

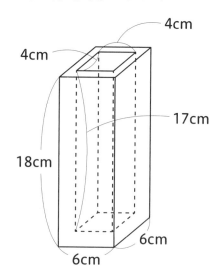

容積是把水倒進容器裡裝滿的體積。這個容器內部尺寸分別為長 4cm、寬 4cm、高（深度）17cm。

「**長方體的體積＝長×寬×高**」，因此只要計算出 4×4×17 的答案，就可以知道這個容器的容積。

式子可以修改成 4×4×17＝（4×4）×17＝16×17，利用送禮運算法可以如下求出容積。

$$16×17=23×10+6×7=230+42=\underline{272}（cm^3）$$

角度

（例）十六角形的內角和為幾度？

「**□角形的內角和＝180×（□－2）**」，只要計算：180×（16－2）＝180×14，便能求出十六角形的內角和。

式子可以修改成 180×14＝18×10×14＝18×14×10，利用送禮運算法計算「18×14」的答案後再乘上 10，就是十六角形的內角和。

首先，使用送禮運算法來計算 18×14。

$$18 \times 14 = 22 \times 10 + 8 \times 4 = 220 + 32 = 252$$

再把答案乘上 10，252×10 = 2520，可知十六角形的內角和為 2520（度）。

···

前面介紹了利用送禮運算法計算面積、容積和角度的題目，但這些只不過是一小部分的例子而已。家長在幫孩子看功課，出現要計算 11×11 ～ 19×19 的時候，記得使用送禮運算法來計算。假如您的孩子已經熟悉送禮運算法的運算，心算會比筆算快上許多。

讓ㄖㄤˋ我ㄨㄛˇ們ㄇㄣ˙回ㄏㄨㄟˊ顧ㄍㄨˋ一ㄧ下ㄒㄧㄚˋ前ㄑㄧㄢˊ面ㄇㄧㄢˋ學ㄒㄩㄝˊ過ㄍㄨㄛˋ的ㄉㄜ˙內ㄋㄟˋ容ㄖㄨㄥˊ♪

送ㄙㄨㄥˋ禮ㄌㄧˇ運ㄩㄣˋ算ㄙㄨㄢˋ法ㄈㄚˇ技ㄐㄧˋ法ㄈㄚˇ大ㄉㄚˋ公ㄍㄨㄥ開ㄎㄞ

送ㄙㄨㄥˋ禮ㄌㄧˇ運ㄩㄣˋ算ㄙㄨㄢˋ法ㄈㄚˇ之ㄓ所ㄙㄨㄛˇ以ㄧˇ成ㄔㄥˊ立ㄌㄧˋ的ㄉㄜ˙理ㄌㄧˇ由ㄧㄡˊ

接ㄐㄧㄝ下ㄒㄧㄚˋ來ㄌㄞˊ我ㄨㄛˇ要ㄧㄠˋ告ㄍㄠˋ訴ㄙㄨˋ大ㄉㄚˋ家ㄐㄧㄚ，為ㄨㄟˋ什ㄕㄣˊ麼ㄇㄜ˙ 11×11 ～ 19×19 可ㄎㄜˇ以ㄧˇ利ㄌㄧˋ用ㄩㄥˋ送ㄙㄨㄥˋ禮ㄌㄧˇ運ㄩㄣˋ算ㄙㄨㄢˋ法ㄈㄚˇ來ㄌㄞˊ計ㄐㄧˋ算ㄙㄨㄢˋ。

長ㄔㄤˊ方ㄈㄤ形ㄒㄧㄥˊ面ㄇㄧㄢˋ積ㄐㄧ可ㄎㄜˇ以ㄧˇ用ㄩㄥˋ「長ㄔㄤˊ × 寬ㄎㄨㄢ」來ㄌㄞˊ求ㄑㄧㄡˊ解ㄐㄧㄝˇ。

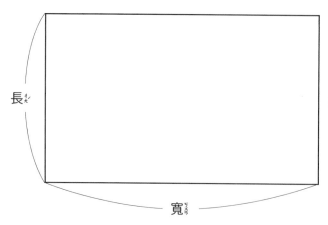

長ㄔㄤˊ方ㄈㄤ形ㄒㄧㄥˊ面ㄇㄧㄢˋ積ㄐㄧ＝長ㄔㄤˊ × 寬ㄎㄨㄢ

（例ㄌㄧˋ）　長ㄔㄤˊ為ㄨㄟˋ 3，寬ㄎㄨㄢ為ㄨㄟˋ 5 的ㄉㄜ˙長ㄔㄤˊ方ㄈㄤ形ㄒㄧㄥˊ面ㄇㄧㄢˋ積ㄐㄧ為ㄨㄟˋ何ㄏㄜˊ？

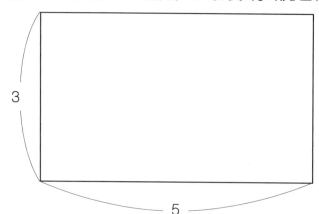

3×5 ＝ 15
面ㄇㄧㄢˋ積ㄐㄧ

接ㄐㄧㄝ下ㄒㄧㄚˋ來ㄌㄞˊ我ㄨㄛˇ們ㄇㄣ˙要ㄧㄠˋ用ㄩㄥˋ長ㄔㄤˊ方ㄈㄤ形ㄒㄧㄥˊ來ㄌㄞˊ解ㄐㄧㄝˇ開ㄎㄞ送ㄙㄨㄥˋ禮ㄌㄧˇ運ㄩㄣˋ算ㄙㄨㄢˋ法ㄈㄚˇ的ㄉㄜ˙祕ㄇㄧˋ密ㄇㄧˋ嘍ㄌㄡ˙。

舉例來說，利用送禮運算法來求「15×19」，可以如下計算。

把禮物 9 送給隔壁

15 × 19

增加 9　　減少 9

= 24 × 10 + 5 × 9 = 240 + 45 = 285

15 的　19 的
個位數　個位數

15×19 的答案

如圖 1，長是 15，寬是 19 的長方形面積，可以用「15×19」求得。可準備一張「長 15cm、寬 19cm」的紙、鉛筆、剪刀，隨著下面的步驟施作，更容易理解。

圖 1

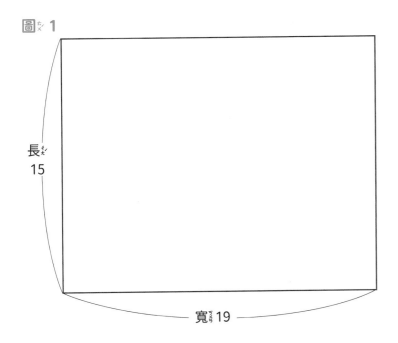

長
15

寬 19

把圖 1 長方形寬度的 19， 拆成 10 和 9，就會變成下一頁的圖 2。圖 2 可以劃分出 Ⓐ 和 Ⓑ 兩個長方形。

長方形的面積可以透過「長×寬」求解♪

圖 2

圖 3

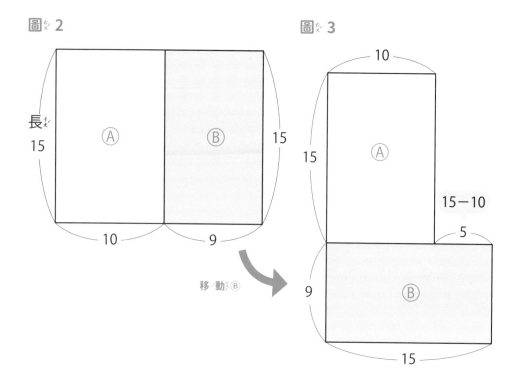

移動 B

移動圖 2 的長方形 B，就會變成上方的圖 3。而圖 3 又可以劃分成另外兩個長方形，如下面的圖 4。

圖 4

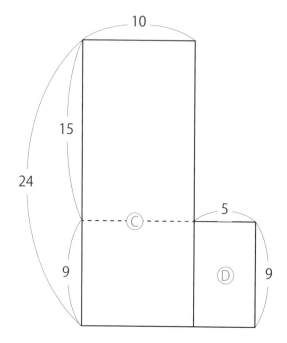

圖 4 可以ㄎ劃ㄏ分ㄣ出ㄔ ⓒ 和ㄏ ⓓ 兩ㄤ個ㄜ長ㄤ方ㄈ形ㄥ。只ㄨ要ㄠ把ㄞ長ㄤ方ㄈ形ㄥ ⓒ 和ㄏ ⓓ
的ㄜ面ㄇ積ㄐ相ㄤ加ㄐ，就ㄡ可ㄜ求ㄡ出ㄔ原ㄢ本ㄣ式ㄕ子ㄗ「15×19」的ㄜ答ㄉ案ㄢ。
首ㄡ先ㄢ，計ㄐ算ㄙ長ㄤ方ㄈ形ㄥ ⓒ 的ㄜ面ㄇ積ㄐ。「長ㄤ方ㄈ形ㄥ的ㄜ面ㄇ積ㄐ＝長ㄤ × 寬ㄎ（＝
寬ㄎ × 長ㄤ）」，因ㄣ此ㄘ（24×10＝）240 就ㄡ是ㄕ長ㄤ方ㄈ形ㄥ ⓒ 的ㄜ面ㄇ積ㄐ。而ㄦ
（5×9＝）45 是ㄕ長ㄤ方ㄈ形ㄥ ⓓ 的ㄜ面ㄇ積ㄐ。這ㄜ裡ㄌ請ㄑ各ㄜ位ㄨ再ㄞ看ㄎ一ㄧ下ㄒ
「15×19」的ㄜ送ㄙ禮ㄌ運ㄩ算ㄙ法ㄈ。

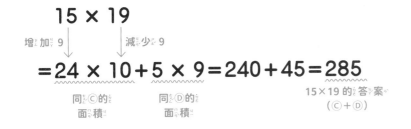

如ㄖ上ㄕ面ㄇ的ㄜ計ㄐ算ㄙ，（24×10＝）240 等ㄥ同ㄊ於ㄩ長ㄤ方ㄈ形ㄥ ⓒ 的ㄜ面ㄇ積ㄐ，
而ㄦ（5×9＝）45 則ㄜ等ㄥ同ㄊ於ㄩ長ㄤ方ㄈ形ㄥ ⓓ 的ㄜ面ㄇ積ㄐ。把ㄞ長ㄤ方ㄈ形ㄥ ⓒ 的ㄜ
面ㄇ積ㄐ和ㄏ長ㄤ方ㄈ形ㄥ ⓓ 的ㄜ面ㄇ積ㄐ相ㄤ加ㄐ，就ㄡ可ㄜ以ㄧ求ㄡ出ㄔ原ㄢ式ㄕ「15×19」
的ㄜ答ㄉ案ㄢ（240＋45＝）285。這ㄜ就ㄡ是ㄕ送ㄙ禮ㄌ運ㄩ算ㄙ法ㄈ有ㄡ辦ㄅ法ㄈ進ㄐ行ㄒ
運ㄩ算ㄙ的ㄜ理ㄌ由ㄡ所ㄥ在ㄞ。

11×11 ～ 19×19 的ㄜ計ㄐ算ㄙ，全ㄩ部ㄨ都ㄉ可ㄜ以ㄧ如ㄖ上ㄕ改ㄞ變ㄅ長ㄤ方ㄈ形ㄥ的ㄜ形ㄒ
狀ㄨ來ㄞ說ㄕ明ㄇ。因ㄣ此ㄘ除ㄔ了ㄜ「15×19」之ㄓ外ㄨ，其ㄑ他ㄊ的ㄜ式ㄕ子ㄗ你ㄋ也ㄜ可ㄜ
以ㄧ畫ㄏ出ㄔ長ㄤ方ㄈ形ㄥ來ㄞ照ㄓ著ㄜ練ㄌ習ㄒ。

其ㄑ他ㄊ式ㄕ子ㄗ也ㄜ能ㄥ用ㄩ相ㄤ同ㄊ的ㄜ方ㄈ式ㄕ來ㄞ說ㄕ明ㄇ嗎ㄇ？

解答

熱身操　櫻桃計算 之一

1 （題目請見第8頁）

❶Ⓐ3　Ⓑ2　Ⓒ22　　❷Ⓐ6　Ⓑ1　Ⓒ21　　❸Ⓐ2　Ⓑ6　Ⓒ26
❹Ⓐ1　Ⓑ5　Ⓒ25　　❺Ⓐ7　Ⓑ2　Ⓒ22　　❻Ⓐ5　Ⓑ1　Ⓒ21
❼Ⓐ2　Ⓑ4　Ⓒ24　　❽Ⓐ8　Ⓑ1　Ⓒ21

2 （題目請見第10頁）

❶Ⓐ4　Ⓑ1　Ⓒ21　　❷Ⓐ6　Ⓑ2　Ⓒ22　　❸Ⓐ3　Ⓑ4　Ⓒ24
❹Ⓐ5　Ⓑ3　Ⓒ23　　❺Ⓐ2　Ⓑ2　Ⓒ22　　❻Ⓐ1　Ⓑ7　Ⓒ27
❼Ⓐ4　Ⓑ2　Ⓒ22　　❽Ⓐ1　Ⓑ8　Ⓒ28　　❾Ⓐ2　Ⓑ3　Ⓒ23
❿Ⓐ7　Ⓑ1　Ⓒ21　　⓫Ⓐ2　Ⓑ5　Ⓒ25　　⓬Ⓐ1　Ⓑ1　Ⓒ21

3 （題目請見第11頁）

❶21　❷24　❸22　❹24　❺21　❻25　❼25　❽21　❾24
❿23　⓫21　⓬21　⓭26　⓮23　⓯23

步驟1　來送禮物了！

1 （題目請見第13頁）

❶6　❷7　❸9　❹5　❺1　❻2　❼9　❽3　❾4　❿5　⓫8　⓬7

2 （題目請見第14頁）

❶6　❷4　❸3　❹1　❺7　❻2　❼9　❽8　❾5　❿6　⓫4　⓬7

3 （題目請見第15頁）

❶1　❷2　❸3　❹5　❺5　❻8　❼9　❽7　❾4　❿3　⓫6　⓬2

步驟2　送完禮物，先加後減！

1 （題目請見第16頁）

❶（由左至右）14、10　❷17、10　❸25、10　❹23、10　❺20、10

⑥15、10　⑦24、10　⑧20、10　⑨23、10

2 （題ㄊㄧˊ目ㄇㄨˋ請ㄑㄧㄥˇ見ㄐㄧㄢˋ第ㄉㄧˋ17頁ㄧㄝˋ）
①（由ㄧㄡˊ左ㄗㄨㄛˇ至ㄓˋ右ㄧㄡˋ）20、10　②12、10　③17、10　④21、10　⑤23、10　⑥18、10
⑦19、10　⑧17、10　⑨25、10　⑩24、10　⑪20、10　⑫19、10

3 （題ㄊㄧˊ目ㄇㄨˋ請ㄑㄧㄥˇ見ㄐㄧㄢˋ第ㄉㄧˋ18頁ㄧㄝˋ）
①（由ㄧㄡˊ左ㄗㄨㄛˇ至ㄓˋ右ㄧㄡˋ）16、10　②22、10　③23、10　④16、10　⑤21、10　⑥21、10
⑦25、10　⑧18、10　⑨19、10　⑩20、10　⑪21、10　⑫19、10

4 （題ㄊㄧˊ目ㄇㄨˋ請ㄑㄧㄥˇ見ㄐㄧㄢˋ第ㄉㄧˋ19頁ㄧㄝˋ）
①（由ㄧㄡˊ左ㄗㄨㄛˇ至ㄓˋ右ㄧㄡˋ）27、10　②18、10　③16、10　④17、10　⑤22、10　⑥20、10
⑦22、10　⑧25、10　⑨15、10　⑩18、10　⑪20、10　⑫23、10

5 （題ㄊㄧˊ目ㄇㄨˋ請ㄑㄧㄥˇ見ㄐㄧㄢˋ第ㄉㄧˋ20頁ㄧㄝˋ）
①（由ㄧㄡˊ左ㄗㄨㄛˇ至ㄓˋ右ㄧㄡˋ）14、10　②18、10　③24、10　④21、10　⑤18、10　⑥16、10
⑦26、10　⑧19、10　⑨21、10　⑩26、10　⑪20、10　⑫15、10

6 （題ㄊㄧˊ目ㄇㄨˋ請ㄑㄧㄥˇ見ㄐㄧㄢˋ第ㄉㄧˋ21頁ㄧㄝˋ）
①（由ㄧㄡˊ左ㄗㄨㄛˇ至ㄓˋ右ㄧㄡˋ）19、10　②21、10　③17、10　④24、10　⑤13、10　⑥20、10
⑦18、10　⑧15、10　⑨23、10　⑩22、10　⑪27、10　⑫21、10

步ㄅㄨˋ驟ㄗㄡˋ3　先ㄒㄧㄢ加ㄐㄧㄚ後ㄏㄡˋ減ㄐㄧㄢˇ， 接ㄐㄧㄝ著ㄓㄜ相ㄒㄧㄤ乘ㄔㄥˊ！

1 （題ㄊㄧˊ目ㄇㄨˋ請ㄑㄧㄥˇ見ㄐㄧㄢˋ第ㄉㄧˋ23頁ㄧㄝˋ）
①Ⓐ17　Ⓑ10　Ⓒ170　②Ⓐ22　Ⓑ10　Ⓒ220　③Ⓐ19　Ⓑ10　Ⓒ190
④Ⓐ21　Ⓑ10　Ⓒ210　⑤Ⓐ20　Ⓑ10　Ⓒ200　⑥Ⓐ22　Ⓑ10　Ⓒ220
⑦Ⓐ15　Ⓑ10　Ⓒ150　⑧Ⓐ23　Ⓑ10　Ⓒ230　⑨Ⓐ22　Ⓑ10　Ⓒ220
⑩Ⓐ16　Ⓑ10　Ⓒ160

2 （題ㄊㄧˊ目ㄇㄨˋ請ㄑㄧㄥˇ見ㄐㄧㄢˋ第ㄉㄧˋ24頁ㄧㄝˋ）
①Ⓐ24　Ⓑ10　Ⓒ240　②Ⓐ20　Ⓑ10　Ⓒ200　③Ⓐ13　Ⓑ10　Ⓒ130

④Ⓐ25 Ⓑ10 Ⓒ250　　⑤Ⓐ23 Ⓑ10 Ⓒ230　　⑥Ⓐ19 Ⓑ10 Ⓒ190

⑦Ⓐ22 Ⓑ10 Ⓒ220　　⑧Ⓐ15 Ⓑ10 Ⓒ150　　⑨Ⓐ16 Ⓑ10 Ⓒ160

⑩Ⓐ24 Ⓑ10 Ⓒ240

3 （題目請見第25頁）

①Ⓐ19 Ⓑ10 Ⓒ190　　②Ⓐ23 Ⓑ10 Ⓒ230　　③Ⓐ21 Ⓑ10 Ⓒ210

④Ⓐ12 Ⓑ10 Ⓒ120　　⑤Ⓐ28 Ⓑ10 Ⓒ280　　⑥Ⓐ19 Ⓑ10 Ⓒ190

⑦Ⓐ17 Ⓑ10 Ⓒ170　　⑧Ⓐ20 Ⓑ10 Ⓒ200　　⑨Ⓐ26 Ⓑ10 Ⓒ260

⑩Ⓐ21 Ⓑ10 Ⓒ210

4 （題目請見第26頁）

①Ⓐ24 Ⓑ10 Ⓒ240　　②Ⓐ24 Ⓑ10 Ⓒ240　　③Ⓐ16 Ⓑ10 Ⓒ160

④Ⓐ21 Ⓑ10 Ⓒ210　　⑤Ⓐ25 Ⓑ10 Ⓒ250　　⑥Ⓐ15 Ⓑ10 Ⓒ150

⑦Ⓐ21 Ⓑ10 Ⓒ210　　⑧Ⓐ20 Ⓑ10 Ⓒ200　　⑨Ⓐ18 Ⓑ10 Ⓒ180

⑩Ⓐ25 Ⓑ10 Ⓒ250

5 （題目請見第27頁）

①Ⓐ21 Ⓑ10 Ⓒ210　　②Ⓐ18 Ⓑ10 Ⓒ180　　③Ⓐ26 Ⓑ10 Ⓒ260

④Ⓐ15 Ⓑ10 Ⓒ150　　⑤Ⓐ19 Ⓑ10 Ⓒ190　　⑥Ⓐ26 Ⓑ10 Ⓒ260

⑦Ⓐ20 Ⓑ10 Ⓒ200　　⑧Ⓐ13 Ⓑ10 Ⓒ130　　⑨Ⓐ23 Ⓑ10 Ⓒ230

⑩Ⓐ25 Ⓑ10 Ⓒ250

步驟4　個位數彼此相乘！

1 （題目請見第29頁）

①Ⓐ5 Ⓑ7 Ⓒ35　　②Ⓐ3 Ⓑ2 Ⓒ6　　③Ⓐ8 Ⓑ4 Ⓒ32

④Ⓐ9 Ⓑ6 Ⓒ54　　⑤Ⓐ1 Ⓑ5 Ⓒ5　　⑥Ⓐ4 Ⓑ4 Ⓒ16

⑦Ⓐ7 Ⓑ2 Ⓒ14　　⑧Ⓐ3 Ⓑ9 Ⓒ27　　⑨Ⓐ5 Ⓑ9 Ⓒ45

⑩Ⓐ2 Ⓑ1 Ⓒ2

2 （題目請見第30頁）

①Ⓐ5 Ⓑ3 Ⓒ15　　②Ⓐ2 Ⓑ2 Ⓒ4　　③Ⓐ6 Ⓑ1 Ⓒ6

④Ⓐ9 Ⓑ8 Ⓒ72　⑤Ⓐ7 Ⓑ4 Ⓒ28　⑥Ⓐ1 Ⓑ9 Ⓒ9

⑦Ⓐ3 Ⓑ7 Ⓒ21　⑧Ⓐ7 Ⓑ6 Ⓒ42　⑨Ⓐ9 Ⓑ9 Ⓒ81

⑩Ⓐ4 Ⓑ8 Ⓒ32

3 （題目請見第31頁）

❶Ⓐ6 Ⓑ8 Ⓒ48　❷Ⓐ5 Ⓑ2 Ⓒ10　❸Ⓐ1 Ⓑ7 Ⓒ7

❹Ⓐ6 Ⓑ3 Ⓒ18　❺Ⓐ2 Ⓑ9 Ⓒ18　❻Ⓐ8 Ⓑ5 Ⓒ40

❼Ⓐ3 Ⓑ1 Ⓒ3　❽Ⓐ9 Ⓑ7 Ⓒ63　❾Ⓐ9 Ⓑ4 Ⓒ36

❿Ⓐ5 Ⓑ5 Ⓒ25

4 （題目請見第32頁）

❶Ⓐ2 Ⓑ3 Ⓒ6　❷Ⓐ9 Ⓑ5 Ⓒ45　❸Ⓐ6 Ⓑ6 Ⓒ36

❹Ⓐ1 Ⓑ8 Ⓒ8　❺Ⓐ7 Ⓑ5 Ⓒ35　❻Ⓐ4 Ⓑ9 Ⓒ36

❼Ⓐ3 Ⓑ3 Ⓒ9　❽Ⓐ9 Ⓑ1 Ⓒ9　❾Ⓐ6 Ⓑ4 Ⓒ24

❿Ⓐ7 Ⓑ8 Ⓒ56

熱身操　櫻桃計算 之二

1 （題目請見第35頁）

❶Ⓐ50 Ⓑ4 Ⓒ304　❷Ⓐ30 Ⓑ42 Ⓒ342　❸Ⓐ10 Ⓑ22 Ⓒ222

❹Ⓐ20 Ⓑ25 Ⓒ325　❺Ⓐ40 Ⓑ38 Ⓒ338　❻Ⓐ30 Ⓑ51 Ⓒ351

❼Ⓐ10 Ⓑ10 Ⓒ210　❽Ⓐ40 Ⓑ16 Ⓒ316　❾Ⓐ20 Ⓑ52 Ⓒ352

❿Ⓐ30 Ⓑ18 Ⓒ318

2 （題目請見第36頁）

❶Ⓐ50 Ⓑ22 Ⓒ322　❷Ⓐ10 Ⓑ15 Ⓒ215　❸Ⓐ30 Ⓑ10 Ⓒ310

❹Ⓐ20 Ⓑ4 Ⓒ304　❺Ⓐ50 Ⓑ6 Ⓒ306　❻Ⓐ40 Ⓑ15 Ⓒ315

❼Ⓐ20 Ⓑ7 Ⓒ307　❽Ⓐ10 Ⓑ26 Ⓒ226　❾Ⓐ30 Ⓑ20 Ⓒ320

❿Ⓐ40 Ⓑ32 Ⓒ332

3 （題目請見第37頁）

❶308　❷316　❸211　❹305　❺309　❻310　❼328　❽324　❾313　❿315

4 （題目請見第38頁）

❶331　❷306　❸310　❹334　❺314　❻225　❼341　❽320　❾326　❿204

> 步驟5　結合步驟3和步驟4，
> 送禮運算法就完成了！

1 （題目請見第41頁）

❶Ⓐ19　Ⓑ10　Ⓒ4　Ⓓ5　Ⓔ190　Ⓕ20　Ⓖ210
❷Ⓐ18　Ⓑ10　Ⓒ1　Ⓓ7　Ⓔ180　Ⓕ7　Ⓖ187

2 （題目請見第42頁）

❶Ⓐ16　Ⓑ10　Ⓒ3　Ⓓ3　Ⓔ160　Ⓕ9　Ⓖ169
❷Ⓐ22　Ⓑ10　Ⓒ8　Ⓓ4　Ⓔ220　Ⓕ32　Ⓖ252

3 （題目請見第43頁）

❶Ⓐ4　Ⓑ23　Ⓒ10　Ⓓ9　Ⓔ4　Ⓕ230　Ⓖ36　Ⓗ266
❷Ⓐ1　Ⓑ13　Ⓒ10　Ⓓ2　Ⓔ1　Ⓕ130　Ⓖ2　Ⓗ132

4 （題目請見第44頁）

❶Ⓐ6　Ⓑ22　Ⓒ10　Ⓓ6　Ⓔ6　Ⓕ220　Ⓖ36　Ⓗ256
❷Ⓐ5　Ⓑ22　Ⓒ10　Ⓓ7　Ⓔ5　Ⓕ220　Ⓖ35　Ⓗ255

5 （題目請見第45頁）

❶Ⓐ9　Ⓑ21　Ⓒ10　Ⓓ2　Ⓔ9　Ⓕ210　Ⓖ18　Ⓗ228
❷Ⓐ8　Ⓑ26　Ⓒ10　Ⓓ8　Ⓔ8　Ⓕ260　Ⓖ64　Ⓗ40　Ⓘ24　Ⓙ324

6 （題目請見第46頁）

❶Ⓐ2　Ⓑ19　Ⓒ10　Ⓓ7　Ⓔ2　Ⓕ190　Ⓖ14　Ⓗ10　Ⓘ4　Ⓙ204
❷Ⓐ5　Ⓑ18　Ⓒ10　Ⓓ3　Ⓔ5　Ⓕ180　Ⓖ15　Ⓗ195

7 （題目請見第47頁）

❶Ⓐ1　Ⓑ12　Ⓒ10　Ⓓ1　Ⓔ1　Ⓕ120　Ⓖ1　Ⓗ121

②Ⓐ9 Ⓑ27 Ⓒ10 Ⓓ8 Ⓔ9 Ⓕ270 Ⓖ72 Ⓗ30 Ⓘ42 Ⓙ342

🚩8 （題目請見第48頁）
①Ⓐ19 Ⓑ10 Ⓒ3 Ⓓ6 Ⓔ190 Ⓕ18 Ⓖ208
②Ⓐ17 Ⓑ10 Ⓒ2 Ⓓ5 Ⓔ170 Ⓕ10 Ⓖ180

🚩9 （題目請見第49頁）
①Ⓐ14 Ⓑ10 Ⓒ2 Ⓓ2 Ⓔ140 Ⓕ4 Ⓖ144
②Ⓐ25 Ⓑ10 Ⓒ7 Ⓓ8 Ⓔ250 Ⓕ56 Ⓖ306

🚩10 （題目請見第50頁）
①Ⓐ17 Ⓑ10 Ⓒ1 Ⓓ6 Ⓔ170 Ⓕ6 Ⓖ176
②Ⓐ26 Ⓑ10 Ⓒ9 Ⓓ7 Ⓔ260 Ⓕ63 Ⓖ323

步驟6　把送禮運算法練到滾瓜爛熟吧！

🚩1 （題目請見第53頁）

❶ 14×11
$= \boxed{15} \times \boxed{10} + \boxed{4} \times \boxed{1}$
$= \boxed{150} + \boxed{4} = \underline{\boxed{154}}$

❷ 13×15
$= \boxed{18} \times \boxed{10} + \boxed{3} \times \boxed{5}$
$= \boxed{180} + \boxed{15} = \underline{\boxed{195}}$

❸ 16×16
$= \boxed{22} \times \boxed{10} + \boxed{6} \times \boxed{6}$
$= \boxed{220} + \boxed{36} = \underline{\boxed{256}}$

❹ 17×19
$= \boxed{26} \times \boxed{10} + \boxed{7} \times \boxed{9}$
$= \boxed{260} + \boxed{63} = \underline{\boxed{323}}$

❺ 12×18
$= \boxed{20} \times \boxed{10} + \boxed{2} \times \boxed{8}$
$= \boxed{200} + \boxed{16} = \underline{\boxed{216}}$

❻ 15×15
$= \boxed{20} \times \boxed{10} + \boxed{5} \times \boxed{5}$
$= \boxed{200} + \boxed{25} = \underline{\boxed{225}}$

❼ 14×17
$= \boxed{21} \times \boxed{10} + \boxed{4} \times \boxed{7}$
$= \boxed{210} + \boxed{28} = \underline{\boxed{238}}$

❽ 11×13
$= \boxed{14} \times \boxed{10} + \boxed{1} \times \boxed{3}$
$= \boxed{140} + \boxed{3} = \underline{\boxed{143}}$

2 （題目請見第54頁）

❶ 19×11

= $\boxed{20} \times \boxed{10} + \boxed{9} \times \boxed{1}$

= $\boxed{200} + \boxed{9} = \boxed{209}$

❷ 16×12

= $\boxed{18} \times \boxed{10} + \boxed{6} \times \boxed{2}$

= $\boxed{180} + \boxed{12} = \boxed{192}$

❸ 15×18

= $\boxed{23} \times \boxed{10} + \boxed{5} \times \boxed{8}$

= $\boxed{230} + \boxed{40} = \boxed{270}$

❹ 13×14

= $\boxed{17} \times \boxed{10} + \boxed{3} \times \boxed{4}$

= $\boxed{170} + \boxed{12} = \boxed{182}$

❺ 11×17

= $\boxed{18} \times \boxed{10} + \boxed{1} \times \boxed{7}$

= $\boxed{180} + \boxed{7} = \boxed{187}$

❻ 18×18

= $\boxed{26} \times \boxed{10} + \boxed{8} \times \boxed{8}$

= $\boxed{260} + \boxed{64} = \boxed{324}$

❼ 14×19

= $\boxed{23} \times \boxed{10} + \boxed{4} \times \boxed{9}$

= $\boxed{230} + \boxed{36} = \boxed{266}$

❽ 12×12

= $\boxed{14} \times \boxed{10} + \boxed{2} \times \boxed{2}$

= $\boxed{140} + \boxed{4} = \boxed{144}$

❾ 17×13

= $\boxed{20} \times \boxed{10} + \boxed{7} \times \boxed{3}$

= $\boxed{200} + \boxed{21} = \boxed{221}$

❿ 19×16

= $\boxed{25} \times \boxed{10} + \boxed{9} \times \boxed{6}$

= $\boxed{250} + \boxed{54} = \boxed{304}$

3 （題目請見第55頁）

❶ 15×13

= $\boxed{18} \times \boxed{10} + \boxed{5} \times \boxed{3}$

= $\boxed{180} + \boxed{15} = \boxed{195}$

❷ 18×19

= $\boxed{27} \times \boxed{10} + \boxed{8} \times \boxed{9}$

= $\boxed{270} + \boxed{72} = \boxed{342}$

❸ 11×12

= $\boxed{13} \times \boxed{10} + \boxed{1} \times \boxed{2}$

= $\boxed{130} + \boxed{2} = \boxed{132}$

❹ 16×11

= $\boxed{17} \times \boxed{10} + \boxed{6} \times \boxed{1}$

= $\boxed{170} + \boxed{6} = \boxed{176}$

❺ 14×12

$= \boxed{16} × \boxed{10} + \boxed{4} × \boxed{2}$

$= \boxed{160} + \boxed{8} = \boxed{168}$

❻ 19×17

$= \boxed{26} × \boxed{10} + \boxed{9} × \boxed{7}$

$= \boxed{260} + \boxed{63} = \boxed{323}$

❼ 18×15

$= \boxed{23} × \boxed{10} + \boxed{8} × \boxed{5}$

$= \boxed{230} + \boxed{40} = \boxed{270}$

❽ 13×13

$= \boxed{16} × \boxed{10} + \boxed{3} × \boxed{3}$

$= \boxed{160} + \boxed{9} = \boxed{169}$

❾ 17×16

$= \boxed{23} × \boxed{10} + \boxed{7} × \boxed{6}$

$= \boxed{230} + \boxed{42} = \boxed{272}$

❿ 15×19

$= \boxed{24} × \boxed{10} + \boxed{5} × \boxed{9}$

$= \boxed{240} + \boxed{45} = \boxed{285}$

步驟7　減少方框□的數量，加強練習！

1 （題目請見第56頁）

❶Ⓐ150　Ⓑ6　Ⓒ156　　❷Ⓐ180　Ⓑ7　Ⓒ187　　❸Ⓐ240　Ⓑ45　Ⓒ285

❹Ⓐ200　Ⓑ24　Ⓒ224　　❺Ⓐ250　Ⓑ56　Ⓒ306　　❻Ⓐ220　Ⓑ27　Ⓒ247

❼Ⓐ180　Ⓑ16　Ⓒ196　　❽Ⓐ170　Ⓑ10　Ⓒ180

2 （題目請見第57頁）

❶Ⓐ170　Ⓑ12　Ⓒ182　　❷Ⓐ230　Ⓑ42　Ⓒ272　　❸Ⓐ210　Ⓑ18　Ⓒ228

❹Ⓐ160　Ⓑ5　Ⓒ165　　❺Ⓐ240　Ⓑ48　Ⓒ288　　❻Ⓐ170　Ⓑ6　Ⓒ176

❼Ⓐ260　Ⓑ63　Ⓒ323　　❽Ⓐ180　Ⓑ15　Ⓒ195　　❾Ⓐ130　Ⓑ2　Ⓒ132

❿Ⓐ250　Ⓑ56　Ⓒ306

3 （題目請見第58頁）

❶Ⓐ230　Ⓑ36　Ⓒ266　　❷Ⓐ260　Ⓑ64　Ⓒ324　　❸Ⓐ140　Ⓑ3　Ⓒ143

❹Ⓐ210　Ⓑ30　Ⓒ240　　❺Ⓐ200　Ⓑ16　Ⓒ216　　❻Ⓐ250　Ⓑ54　Ⓒ304

❼Ⓐ190　Ⓑ14　Ⓒ204　　❽Ⓐ170　Ⓑ12　Ⓒ182　　❾Ⓐ240　Ⓑ49　Ⓒ289

❿Ⓐ270　Ⓑ72　Ⓒ342

4 （題目請見第59頁）

❶Ⓐ210　Ⓑ28　Ⓒ238　　❷Ⓐ160　Ⓑ9　Ⓒ169　　❸Ⓐ280　Ⓑ81　Ⓒ361

❹Ⓐ180　Ⓑ12　Ⓒ192　　❺Ⓐ190　Ⓑ8　Ⓒ198　　❻Ⓐ220　Ⓑ35　Ⓒ255

❼Ⓐ220　Ⓑ27　Ⓒ247　　❽Ⓐ200　Ⓑ24　Ⓒ224　　❾Ⓐ120　Ⓑ1　Ⓒ121

❿Ⓐ200　Ⓑ16　Ⓒ216

5 （題目請見第60頁）

❶Ⓐ190　Ⓑ18　Ⓒ208　　❷Ⓐ160　Ⓑ8　Ⓒ168　　❸Ⓐ240　Ⓑ45　Ⓒ285

❹Ⓐ200　Ⓑ21　Ⓒ221　　❺Ⓐ250　Ⓑ54　Ⓒ304　　❻Ⓐ230　Ⓑ40　Ⓒ270

❼Ⓐ220　Ⓑ32　Ⓒ252　　❽Ⓐ260　Ⓑ63　Ⓒ323　　❾Ⓐ220　Ⓑ36　Ⓒ256

❿Ⓐ190　Ⓑ8　Ⓒ198

步驟8　成為送禮運算法的運算高手吧！

（以下答案包含了運算過程。解答未必要寫出運算過程，只要寫出正確答案即可。）

1 （題目請見第61頁）

❶$15 \times 15 = 200 + 25 = 225$

❷$14 \times 18 = 220 + 32 = 252$

❸$17 \times 12 = 190 + 14 = 204$

❹$13 \times 15 = 180 + 15 = 195$

❺$14 \times 19 = 230 + 36 = 266$

❻$12 \times 11 = 130 + 2 = 132$

❼$17 \times 17 = 240 + 49 = 289$

❽$16 \times 14 = 200 + 24 = 224$

❾$18 \times 13 = 210 + 24 = 234$

❿$19 \times 11 = 200 + 9 = 209$

2 （題目請見第62頁）

❶$14 \times 17 = 210 + 28 = 238$

❷$18 \times 18 = 260 + 64 = 324$

❸$19 \times 19 = 280 + 81 = 361$

④13×14＝170＋12＝182

⑤16×12＝180＋12＝192

⑥11×19＝200＋9＝209

⑦12×13＝150＋6＝156

⑧15×17＝220＋35＝255

⑨16×18＝240＋48＝288

⑩17×11＝180＋7＝187

3 （題目請見第63頁）

①19×17＝260＋63＝323

②12×15＝170＋10＝180

③16×13＝190＋18＝208

④18×11＝190＋8＝198

⑤14×15＝190＋20＝210

⑥11×17＝180＋7＝187

⑦18×12＝200＋16＝216

⑧15×16＝210＋30＝240

⑨19×18＝270＋72＝342

⑩17×16＝230＋42＝272

10題送禮運算法　小試身手（之一）　（題目請見第66頁）

①255　②342　③168　④143　⑤256

⑥121　⑦288　⑧195　⑨285　⑩221

10題送禮運算法　小試身手（之二）　（題目請見第67頁）

①228　②252　③238　④165　⑤247

⑥240　⑦323　⑧156　⑨176　⑩306

10題送禮運算法　小試身手（之三）　（題目請見第68頁）

①270　②182　③324　④289　⑤192

6154　**7**285　**8**252　**9**165　**10**208

10題送禮運算法　小試身手（之四）　（題目請見第69頁）

1198　**2**169　**3**272　**4**266　**5**240
6144　**7**168　**8**342　**9**209　**10**210

10題送禮運算法　小試身手（之五）　（題目請見第70頁）

1304　**2**143　**3**216　**4**272　**5**361
6182　**7**180　**8**224　**9**306　**10**225

20題送禮運算法　綜合測驗（之一）　（題目請見第74頁）

1289　**2**165　**3**234　**4**304　**5**168
6187　**7**270　**8**228　**9**224　**10**195
11323　**12**132　**13**324　**14**208　**15**209
16210　**17**272　**18**192　**19**234　**20**285

20題送禮運算法　綜合測驗（之二）　（題目請見第75頁）

1132　**2**196　**3**304　**4**221　**5**240
6198　**7**144　**8**306　**9**255　**10**182
11256　**12**209　**13**210　**14**216　**15**143
16238　**17**342　**18**180　**19**221　**20**224

20題送禮運算法　綜合測驗（之三）　（題目請見第76頁）

1180　**2**288　**3**208　**4**154　**5**323
6225　**7**266　**8**216　**9**143　**10**288
11361　**12**252　**13**165　**14**247　**15**306
16176　**17**182　**18**204　**19**272　**20**270

送禮運算法
學成證書

恭喜通過認證

姓名：

恭喜你努力到了最後！

「堅持到底」的精神

非常可貴。

做完本書的練習題，

學會了送禮運算法，

你的信心想必也大幅提升。

請把學會的方法，

應用到學校的課業上。

並不斷精進你的計算能力！

東大畢業專業算術講師

小杉拓也

國家圖書館出版品預行編目資料

小學生一天就能學會 19×19 的心算法／
小杉拓也 著；謝敏怡 譯 . -- 初版 . -- 台北市：
方智出版社股份有限公司，2024.02
96面；18.2×25.7公分 --（方智好讀；166）
ISBN 978-986-175-779-7（平裝）

1. CST：數學教育　2. CST：心算
3. CST：初等教育

523.32　　　　　　　　　　　112021535

圓神出版事業機構 Eurasian Publishing Group　**方智出版社** Fine Press

www.booklife.com.tw　　　　　　　　　　reader@mail.eurasian.com.tw

方智好讀 166

小學生一天就能學會19×19的心算法

作　　者／小杉拓也
譯　　者／謝敏怡
插　　畫／明昌堂
注音審訂／郭曉諭
發 行 人／簡志忠
出 版 者／方智出版社股份有限公司
地　　址／台北市南京東路四段 50 號 6 樓之 1
電　　話／（02）2579-6600 · 2579-8800 · 2570-3939
傳　　真／（02）2579-0338 · 2577-3220 · 2570-3636
副 社 長／陳秋月
副總編輯／賴良珠
主　　編／黃淑雲
責任編輯／林振宏
校　　對／林振宏 · 胡靜佳
美術編輯／林雅錚
行銷企畫／陳禹伶 · 林雅雯
印務統籌／劉鳳剛 · 高榮祥
監　　印／高榮祥
排　　版／杜易蓉
經 銷 商／叩應股份有限公司
郵撥帳號／18707239
法律顧問／圓神出版事業機構法律顧問　蕭雄淋律師
印　　刷／祥峰印刷廠
2024 年 2 月　初版
2024 年 6 月　2 刷

SHOGAKUSEI GA TATTA ICHINICHI DE 19×19 MADE KANPEKI NI ANZAN DEKIRU HON
by Takuya Kosugi
Copyright © 2022 Takuya Kosugi
Chinese (in complex character only) translation copyright © 2024 by Fine Press, an imprint
of Eurasian Publishing Group.
All rights reserved.
Original Japanese language edition published by Diamond,Inc.
Chinese (in complex character only) translation rights arranged with Diamond,Inc.
through BARDON-CHINESE MEDIA AGENCY.